사장은 차라리
바보인 게 낫다

사장은 차라리 바보인 게 낫다

스즈키 다카시 **지음** | **민경욱** 옮김

북클라우드

"

심각한 얼굴로 '경제가 나쁘네, 나라가 나쁘네.' 하고 구시렁거려봤자 소용없다.
그럴 틈이 있으면 허풍이라도 떨며 웃는 편이 낫다.
좀 더 힘을 내라. 이럴 때 사장은 차라리 바보인 게 낫다.

"

일본이 쇠퇴하고 있다고 하는데 진짜일까?

나는 꼭 그렇다고 생각하지는 않는다.

엔고, 디플레이션, 저출산, 고령화……. 확실히 문제는 많다. 그러나 디플레이션은 물가가 안정된다는 쪽으로 볼 수도 있다. 매사를 한 면만 보고 무턱대고 비관하는 것은 좀 아니라고 생각한다.

다만 기업 사회에 활기가 없는 것만은 분명하다.

그 최대 원인은 사장이 사장답지 못한 데 있다. 어느 곳이든지 사장의 90퍼센트는 사장이 해야 할 일을 안 하고 있는 것 같다. 내 지나친 생각일지 모르지만.

모두 최선을 다하고는 있다. 사장이라기에는 딱할 정도로 성실한 사람이 많아서 아주 사소한 부분까지 고개를 들이미느라 바쁘다. 하지만 쓸데없는 짓만 하고 있다. 그 바람에 기진맥진해져서 아이디어도 떠오르지 않고 결단도 내리지 못하는 데다 각오도 생기지 않는다. 고만고만한 경영을 하다가 조금씩 쇠퇴하고 만다. 그 과정에서 사장이 소심해지고 사원도 마찬가지로 움츠러든다. 그러면 사회는 덜커덩거리게 된다.

사장은 담당자가 아니니까 과도하게 열심이어선 안 된다. 영국 해군에서는 병사들이 참호를 팔 때 장교는 절대 돕지 않는다고 한다. 그것은 병사의 일이기 때문이다. 그 대신 장교는 비가 내려도 우산을 쓰지 않고 레인코트도 입지 않고 서 있다. 그저 버티는 것이다. 그리고 전체적인 상황을 둘러보며 지시를 내린다. 이 영국 해군의 모습이야말로 진정한 리더십이다.

사장은 살짝 게으름을 피우는 게 가장 좋다. 상품에 대해 곰곰이 생각하는 시간을 가져야 한다. 잡무에 쫓기면 휘청거린다. 사장이 잡무에 지나치게 열심히 매달리는 것은 엉뚱한 방향으로 굴을 파는 것이나 다름없다. 회사가 어디로 갈지, 그 방향이나 잘 생각하는 게 낫다.

대개 사장이 꼭 해야 하는 일은 그다지 많지 않다. 목표를 세우고 "저쪽으로 진군!" 하며 깃발을 든다. 사업 철수나 임원 교체라는 사장만 할 수 있는 결단을 내린다. 이를 위해 필요한 것은 좋은 머리도,

그럴 듯한 이론도 아니다. "MBA에서 이랬는데……." 하는 소리를 들은 적은 있지만 이론가 중에 성공한 녀석은 그리 보지 못했다. 경영은 '현실'과 겨루는 일이다. 현실이란 피가 흐르는 생물이다. 이론으로 장난치며 겨룰 수 있는 상대가 아니다.

사장에게 필요한 것은 '운'과 '감' 그리고 '배짱'이다. 특히 관록이 있는 배짱이어야 한다.

그런데 사람들은 조금만 상황이 나쁘면 난리를 친다. '100년만의 위기'라며 묘하게 선동을 한다. 인류 역사를 보면 금방 알 일이다. 언제나 위기였단 말이다. 그 속에서 어떻게 할 것인지를 생각하는 게 바로 사장이다.

나 역시 태어날 때부터 위기였다.

1935년생이니까 철이 들 무렵부터 전쟁이었다. 초등학교 3학년 때 피난을 갔다가 대놓고 왕따를 당했다. 선생님도 형편없어서 이제 학교는 상대하지 않겠다고 생각하며 그만둬버렸다. 그래서 초등학교는 거의 다니지 않았다.

중학교에 입학했을 때는 새로운 학제가 처음 시작되었기 때문에 학교가 없어 육군이 쓰던 불탄 건물의 옥상에서 졸업할 때까지 3년 동안 하늘을 보며 공부했다. 그러므로 나는 거의 정규 교육을 받은 적이 없다. 교육받을 필요가 생기면 독학하는 것이 당연했다.

대공습이 시작되어 아버지가 하던, 지금으로 따지면 일용품 할인점인 스즈키도쿄도(鈴木東京堂)가 전소되었다. 피난지에서 도쿄로 돌아오자마자 먹고 살기 위해 아버지가 건네준 일용품을 도로에 판자를 깔고 팔았다. 형들은 군대에 끌려갔기 때문에 내가 할 수밖에 없었다.

열 살 때부터 살아남기 위해 뭐든 했다. 당시는 야쿠자가 제일 잘나가는 직업일 정도로 힘든 시절이라 지금이 위기라고 해도 머리에 와 닿질 않는다.

이때 아버지와 내가 다시 세운 스즈키도쿄도를 바탕으로 1948년에 아버지와 형이 세운 회사가 에스테화학공업㈜, 현재의 에스테이다. 피난지에서 돌아와 보니 어머니가 시집올 때 해온 기모노가 벌레를 먹어 못 쓰게 되었는데 이를 보고 방충제를 제조하여 판매하는 사업을 시작한 것이다.

내가 대학을 졸업할 무렵에는 사세를 확장하고 있었는데 '좀 더 넓은 세계에서 활약하고 싶다.'는 생각으로 일본생명보험에 입사했다. 나는 반골 기질이 강해서 누구의 말도 듣지 않는, 말도 안 되는 사원이었다. 그래도 모두 아껴줘서 열심히 일했고 법인영업부를 신설해 연간 1조 엔 이상의 기업보험 계약을 수주하는 등 큰일도 맡았다. 이렇게 일본생명보험에서 샐러리맨 생활을 30년이나 하고, 1985년 부장 직책을 맡아 에스테로 입사했다.

얼마 후 거품 경제가 무너지며 '만들면 팔리는 시대'가 지나고 '만들어도 팔리지 않는 시대'가 찾아왔다. 한때 7,500엔이나 나갔던 주가가 360엔 대까지 떨어져 '그야말로 큰일'이 된 1998년 어느 날, 갑자기 "사장이 되라."는 말을 들었다. 아무래도 나는 위기와 인연이 있는 모양이다.

물론 과감하게 경영의 키를 잡았다. 사장이 된 것까지는 좋았는데 무슨 얘기를 해도 임원회에서 반대했기 때문에 임원을 반으로 줄였다. 그리고 860가지에 달했던 상품은 280가지로, 다섯 곳이었던 공장은 세 곳으로 줄였다. 저항의 폭풍우가 몰아쳤지만 바꾸지 않으면 살아남을 수 없었다. 근육질의 회사로 만들지 않으면 쓰러진다고 생각했다. 연간 약 60가지였던 신제품도 한 가지로 줄였다. 경영자원을 한 곳에 집중 투자한 것이었다.

도박이었다. 지면 위험해진다.

그때 내가 생각한 게 「소취포트(消臭ポット)」였다. 당시 소매점 진열장에는 여성 고객이 좋아할 만한 귀여운 상품이 없었다. "신제품을 하나로 줄이는 것은 위험하다."고 모든 임원이 반대했다. 그렇기 때문에 했다. 전례가 없는 일을 하려면 반드시 반대가 생긴다. 내심

불안했지만 신제품은 엄청난 히트를 기록하여 연간 판매목표 1천만 개를 멋지게 달성했다. 이로써 사원들의 신뢰를 상당히 얻을 수 있었다.

그 후 「소취력(消臭力)」「탈취탄(脫臭炭)」「고메토방(米唐番)」 등의 히트가 이어져, 2005년 3월에는 역사상 최고의 순이익을 달성했고 주가도 2,350엔으로 상승해 회사는 정상을 되찾았다.

하지만 맛있는 밥에는 개미가 모여드는 법이다. 저가 경쟁으로 달려드는 경쟁사가 출현했고 매출 7조 엔의 글로벌 기업을 비롯해 전 세계의 강호들이 시장에 참가했다. 2008년에는 리먼 쇼크도 있었고 2011년에는 동일본대지진도 있었다. 이렇게 위기는 연속된다.

그러나 가끔씩 위기가 찾아오는 게 낫다. 위기가 있기에 지혜가 나온다. 바보 같을 정도로 엄청난 힘도 나온다. 나이테와 마찬가지다. 나무는 가뭄이 든 해나 아주 추운 해에는 거의 자라지 않는다. 나이테의 폭도 좁다. 하지만 그 좁은 나이테가 있기 때문에 튼튼한 나무가 된다. 이따금 40년간 증수 증익을 냈다는 회사에 대한 기사를 읽곤 하는데 나는 그다지 믿지 않는다.

유니클로의 야나이 다다시(柳井正)가 《1승 9패》라는 책을 썼는데 나의 실패 경험은 그에 한참 못 미친다. 무엇보다 판매액이 약 500억 엔밖에 안 되는 에스테가 몇 조 엔의 글로벌 기업과 맞서는 거니까 흉내나 내서는 이길 수가 없다. '세상에 없는 물건'을 만들어내 고 빠르게 승부하여 '글로벌 틈새시장의 넘버원'을 따내지 않으면 이기지 못한다.

대대적인 이노베이션이란 그리 흔치 않다. 신제품은 실패하는 게 일반적이다. 느닷없이 한밤중에 눈이 번쩍 떠져서 '역시 그건 실패했구나.' 하고 생각했던 적도 있지만 '세상에 없는 물건은 100년에 한 번 나올까 말까 하지.' 하며 웃어 넘긴 적도 있다. 사원에게도 "이건 덤이야. 곧 좋은 게 나올 거야." 하며 다시 도전시킨다. 일일이 심각한 얼굴을 하고 있으면 모두 겁을 먹는다. 애당초 '세상에 없는 물건'을 만든다는 것 자체가 상당히 웃긴 얘기니까.

나는 경영자다. 매출, 이익, 주가를 올리는 게 사명이다. 다만 최종 목표는 그게 아니다. 회사가 살아남는 게 목표다. 살아남으면 좋은 일이 생기기 마련이다. 그리고 사장이 싱글벙글하면 대부분의 위기는 지나간다.

만약 말도 안 되는 일이 일어났다고 해도 다시 전후의 불탄 들판 위로 돌아가는 것일 뿐이다. 그곳에서 다시 시작하면 된다. '회사 하나둘쯤은 얼마든지 만들어주지.' 하고 생각하면 절로 힘이 솟는다. 심각한 얼굴로 '경제가 나쁘네, 나라가 나쁘네.' 하며 구시렁거려 봤자 소용없다. 그럴 틈이 있으면 허풍이라도 떨며 웃는 편이 낫다. 좀 더 힘을 내자. 사장은 차라리 바보인 게 낫다.

나도 이제 곧 여든 살이다. 120세까지 살 생각이라 앞으로도 아직 긴 시간이 남아있지만 기업 사회에 힘이 너무 없어서 이쯤에서 한 번 내 나름의 사장론을 떠들어 보자고 생각했다.

단적으로 말해 입에 발린 말을 할 생각은 없다. 조금이라도 참고가 된다면 좋겠지만 의견이나 비판도 대환영이다. 이런 바보 같은 경영자가 있다는 것도 기억해줬으면 하는 게 바람이다.

스즈키 다카시

CONTENTS

# Part 2 사장은 멋있는 척을 하지 마라

Part 4 사장은 패기 있게 행동해야 한다

Part 1

사장은 사장의 일을 해라

사장은
깃발을 높이 들어라

사장이란 사장이라는 일을 하는 사람

사장이란 무엇인가?

잘 생각하면 명쾌하다. 사장이란 '사장이라는 일'을 하는 사람이다. 그런데 사장들 중에서는 '현장주의' 같은 말을 하면서 본인의 일을 제쳐두고 현장을 이리저리 돌아다니는 사람이 많다. 물론 현장주의는 중요하지만 그렇다고 현장의 아주 자잘한 일까지 직접 손을 대는 것과는 다르다. 사장은 사장이어야 하고, 현장 일은 현장담당자가 하는 게 상식이다. 사장이란, 사장만 할 수 있는 일을 하기 때문에 사장이라고 불리는 것이다.

사장의 첫 번째 일은 목적을 명확히 하는 것이다.

회사의 기본 방침을 세우고 회사가 나아갈 방향을 결정한다. 그리고 "저쪽으로 전진!" 하고 사원들에게 호령한다. 이른바 소방대에서 화재 현장을 알리는 인물과 같은 것이다.

화재는 에도 시대(1603~1867)의 꽃이었다. 도시 어디선가 불이 나면 감시하던 망루에서 반종이 땡땡 울린다. 그러면 기세등등한 소방대원들이 곧바로 튀어 나온다.

그중에서 단연 스타는 화재 현장을 표시하는 깃발지기이다. 누구보다 먼저 현장으로 달려가 다른 소방조의 깃발지기보다 빨리 지붕에 오른다. 그리고 깃발을 빙빙 돌리기 시작한다.

에도 시대의 소방 활동은 지금과 달랐다. 당시에도 류도스이(竜吐水)*라는 방수 펌프가 있었지만 불을 끌 수 있을 정도의 진화력은 없었다. 그래서 에도 시대에는 불이 번지는 방향에 위치한 집들을 미리 부수어 연소를 막는 '파괴 소방'이 기본이었다.

여기서 중요한 점은 어떤 집을 부숴야 하는가를 명확히 하는 것이다. 그 판단을 내리는 사람이 바로 깃발지기였다. 집 앞에서 깃발을 듦으로써 '우리 조는 이 집 앞에서 불을 막을 거야!'라는 뜻을 사람들과 동료들에게 알렸던 것이다.

이런 판단은 어려웠을 것이다. 바람의 방향과 풍력, 지형과 집의 배치 등을 종합적으로 판단해야만 한다. 바람의 방향이 언제 바뀔지 모르기 때문에 감각을 동원해 예측할 수밖에 없다. 필시

---

* 구식 소화기로 물을 담은 통 속에 펌프를 장치한 것.

경험과 감에 의지했으리라. 물론 틀릴 가능성이 항상 있었다.

게다가 피해를 최소로 줄이기 위해서는 불을 진화할 수 있는 마지노선의 집에 올라야 한다. 만약 그 지점에서 불을 끄지 못하면 자기가 속한 소방조의 수치가 된다.

마지막 집에 불이 옮겨 붙으면 집과 지붕은 함께 타버린다. 실제로 그렇게 목숨을 잃은 깃발지기가 많았다고 한다. 단 한번의 실수로 동료들도 저승길을 같이 가기 때문에 깃발지기의 책임이 막중했다.

느긋하게 생각할 여유도 없다. 가옥은 전부 목조로 이루어졌기 때문에 빠르게 불이 붙는다. 즉시 결단을 내리지 않으면 일대는 불바다가 될 것이다. 배짱이 상당히 두둑하지 않으면 감당할 수 없는 목숨을 건 일이다.

깃발지기는 절대 소방 활동을 하지 않는다. 줄곧 지붕 위에 서 있다. 그동안 흩날리는 불꽃을 뿌리치기 위해 지붕 위를 빙글빙글 돈다. 동료인 소방대원들은 눈앞의 불을 끄는 데 최선을 다하고 있기 때문에 주위 상황을 잘 모른다. 믿을 수 있는 것은 지붕 위에서 전체 상황을 보고 있는 깃발지기의 지시뿐이다.

"바람 방향이 바뀌었어! 반대쪽으로 돌아서 진화해!"

"오른쪽 불의 기세가 강해진다! 그쪽으로 이동!"

깃발지기는 틀림없이 이런 지시를 내렸을 것이다. 이것은 지면에 있지 않고 전망 좋은 곳에 서 있기 때문에 할 수 있는 일이다.

경영은 목표를 정하는 것에서 시작한다

나는 깃발지기처럼 행동하는 것이야말로 사장의 일이라고 생각한다.

책은 처음부터 읽지만 경영은 목표에서 시작한다. 목표를 정하고 그곳에 도달하기 위해 할 수 있는 모든 일을 해야 한다. 목표를 정하지 않은 채 눈앞의 일을 열심히 하면 소용이 없다. 목표에 도달하기 위해서는 제일 먼저 목표를 명시해야 한다.

그런데 이게 안 되는 사장이 많다. 다른 말로 표현하자면 깃발지기가 어느 집에 오를까 고민하고 있는 꼴이다. 결국에는 고민의 답을 얻지 못하고 "솔선수범이다!" 같은 소리를 해대며 사원과 함께 땅에서 움직이기 시작한다. 그렇게 되면 사원은 어디를 보고 일해야 하는지 알 수 없다. 현장은 혼란스러울 뿐 어떤 누구도 상황 변화에 대응하지 못한다.

그중에는 두리번거리다가 다른 소방조의 깃발지기를 따라 같은 지붕에 오르는 사람도 있다. 그러다 불이 옮겨 붙으면 다 같이 저세상으로 갈 수도 있다. 그러다보면 되는 게 아무것도 없다.

사장의 일이란 '결단하는 것'이다.

사장은 스스로를 믿고 깃발을 들어야 한다. 잘못을 저지르면 안 되지만 두렵다고 우물쭈물하는 경우가 더욱 문제다. 일 때문에 목숨을 잃는 경우는 없다. 깃발지기처럼 목숨을 거는 것도 아니니까 각오를 하고 기치를 명확히 하면 된다. 그리고 할 수 있는 모든 일을 철저히 하자. 그럴 각오가 없다면 사장이 되선 안 된다.

과거를 부정할 수 있는 사람은 사장뿐이다

나는 에스테의 사장이 되었을 때 제일 먼저 "작지만 건실한 회사를 목표로 한다."는 기치를 세웠다.

그때는 사회 전체가 불바다였다. 에스테도 불덩어리가 되고 있었다. 거품 경제가 붕괴된 후인 1998년부터니까 일본장기신용은행, 홋카이도척식은행, 야마이치증권 같은 거대 금융 기관이 차례차례 무너지던 때였다. '뭔가 엄청난 일이 일어나는 게 아닐까.' 하고 생각했다.

나는 거품 경제가 전성기였을 때부터 '이건 좀 이상하다.'고 느꼈다. 위부터 아래까지 모든 사람들의 머리가 돌아버린 것 같았다. 지금 돌이켜보면 오래 지속되지 못할 일들이 일본 전역을 휩쓸고 있었다. 이것이 바로 거품이었다.

당시 에스테에서 상무로 일하던 나는 "이런 경제 상황이 계속될 리 없어. 언젠가 붕괴될 거야."라며 당시의 경영방침에 일일이 반대했다. 일 년에 한두 번은 이사회에서 "이렇게 하는 게 더 옳다."며 열심히 프레젠테이션을 했다. 하지만 아무도 상대해주지 않았다.

"저 녀석은 너무 건방져."

"보험 회사에서 일하다 머리가 이상해졌어."

오히려 이와 같은 비난을 받았다. 대기업인 일본생명보험(日本生命保險)에서 활약하다 에스테로 왔기 때문에 머지않아 내가 사장이 될 것이라고 생각했는데, 사장이 되기는커녕 내 일이 너무 한심하게 느껴져 밤마다 술을 마시고 주정을 하기도 했다.

그러다 내가 생각했던 대로 경제의 거품이 꺼지기 시작했다. 그런데 모두들 그저 경제가 적응하는 과정일 뿐이라며 "곧 좋아질 거야."라고 믿어 의심치 않았다. 위기감은 제로였고 변함 없이 전례만 답습하고 있었다. 뭐, 당시 일본은 모두 그랬다.

그러나 시간이 흐름에 따라 상황은 절박해졌다. 거품이 꺼진 후 매출은 답보 상태를 유지했지만 이익이 점점 떨어졌다. 게다가 소유하고 있는 유가증권과 토지의 대부분이 종잇조각이 되었다. 당시는 취득원가주의*였지만 회사의 자산을 시가로 계산하면 큰일인 상황이었다.

위기를 강하게 느낀 나는 "보고만 있을 수 없으니 내게 회사를 맡겨 달라."고 수없이 주장했다. 하지만 그들은 좀처럼 회사를 맡겨 주지 않았다.

상황은 더욱 악화되었고 영업을 하려고 방문한 업체에서 "당신들에게 미래는 없다."는 말까지 들었다. 결국 거품경제기에 7,500엔으로 최고가를 찍었던 주가도 360엔까지 떨어졌다. 그제야 모두 지쳐 떨어졌고 "그럼, 스즈키. 네가 해봐."라는 상황이 되었다. 나는 51세에 에스테에 입사했는데 이미 63세가 되어 있었다.

물론 각오는 되어 있었다. 경영방침을 대전환하고 과거를 전면 부정하는 것이다. 이런 일을 할 수 있는 사람은 사장밖에 없다.

* 기업회계에서 자산의 취득을 위해 지출한 가액, 즉 취득한 원래 가격에 의거해서 평가하는 방식.

사장 취임 연설을 할 때 나는 일부러 간부들과 사원들에게 싸움을 걸었다. 왜냐하면 당시 간부 전원이 나의 사장 취임에 두 손들어 반대했기 때문이다. 모두 나와 가까워지면 출세가 늦어질 거라 생각했다. 내가 무슨 역병이라도 되는 듯 말이다. "곧 사장이 되는데 잘 부탁해."라고 하면 "그럴 리가요. 무슨 농담을 그렇게 합니까?"라고 대답한 간부도 있었다.

나는 일본생명보험 시절부터 싸움을 많이 한 탓에 싸움에는 친숙하다. 대체로 승부는 사흘, 석 달, 3년에 결정된다. 사흘 동안 하고 싶은 말을 전부 해버리고, 석 달 이내에 전부 실행한다. 그렇게 간단히 결론이 나지 않으면 3년에 걸쳐 천천히 공략해 떨어뜨린다. 하지만 사실은 사흘도 길다. 실제로는 처음 15분 만에 승패가 결정된다.

그리고 싸움은 클수록 좋다. 큰소리로 싸움을 걸어 '평소와는 다르구나.' 하는 생각을 전원에게 심어준다.

나는 취임 연설에서 "성역 없는 개혁을 하겠다."고 밝혔다. 불량 자산의 매각에 따른 대차대조표의 건전화, 860가지나 되는 품종 삭감, 창고에 가득 쌓인 재고 삭감, 연간 60가지나 되는 신상품 축소……. '작지만 건실한 회사'로 만들기 위해 할 수 있는 모든 것을 내걸었다. 사장으로 취임하는 초기에 목표를 선포하지 않으면 나중에 하기 어려우니까 이렇게 말하는 것 자체가 이기는 길이라고 생각했다. 그리고 모두를 위협했다.

"내 눈에 흡족하지 않은 녀석은 때려죽이겠다."

뭐, 때려죽이기는커녕 일본의 사장에게는 해고 권한조차 없다. 하지만 사장의 무기는 '말'이다. 선수를 치는 게 필승의 조건이고 상대의 간담을 서늘하게 해야만 싸움에서 이길 수 있다. 게다가 이렇게까지 얘기하면 나도 더 이상 물러설 수 없다. 그렇기 때문에 엄청난 힘이 나온다. 항상 나는 무슨 일을 하려면 일단 큰소리부터 쳐서 자신을 궁지에 몰아넣는다.

물론 이런 연설 하나로 회사가 바뀌는 것은 아니다. 하지만 이걸로 회사의 분위기가 조금 팽팽해진다.

나는 지는 싸움을 하지 않는다. 그리고 언제나 '이긴다, 이긴다, 이긴다.'라며 나 자신을 설득한다. '무릇 싸움이라고는 해도 보통은 회사라는 작은 컵 속의 이야기다. 중요한 게 아니다.' 생각은 이렇게 하지만 배수의 진인 것만은 틀림없다.

지면 회사가 망한다. 그런 위기감 속에서 나는 일단 깃발을 높이 치켜든다.

사장은 바보가 되어 진심을 전하라

싫은 일을 하는 사람이 사장이다

사장으로 취임한 후, 처음은 정말 힘들었다.

무엇보다 간부들 중에 내 편이 전무했기 때문에 임원회의에서 어떤 제안을 내놓아도 반대만 당했다. 내가 그때까지 자기들이 해온 일을 부정하니 당연한 일이었다.

나도 괴롭다. 하지만 변하지 않으면 살아남을 수 없다. 그리고 바닥에 있을 때야말로 과감하게 변혁을 시도할 절호의 기회다.

다만 임원들과 열심히 부딪힌다고 결론이 나질 않았다. 무엇보다 시간이 없었다. 그래서 나는 혼자 이렇게 말하며 돌아다녔다.

"자네 말이야, 요즘 피곤해 보이니까 집에 돌아가 한동안 잠이나 자지."

"얼마나 자면 될까요?"

"삼 년쯤. 편안히 쉬어."

회사를 바꾸려면 먼저 '위'를 바꾸는 게 정석이다. 이것은 전광석화처럼 칼을 뽑는 기술과 같다. '뽑는 손도 보이지 않는다.'는 바로 그 기술이다. 물론 이런 일은 사장인 나도 하고 싶지 않다.

그러나 아무도 하고 싶지 않은 일을 하는 게 사장이다. 특히 임원을 자르는 일은 사장밖에 할 수 없기 때문에 이런 일을 못 한다면 사장으로서 실격이다.

이렇게 나는 당시 13명이나 되던 임원을 절반으로 줄였다. 이로써 저항은 상당히 줄어들었다. 취임 연설의 '위협'이 거짓이 아니라는 것이 드러나자 회사에 긴장감이 돌기 시작했다.

바보가 되는 것 또한 재주다

사장에 취임한 후 제일 먼저 손을 쓴 일은 상품 아이템의 가짓수 삭감이었다.

당시 에스테에는 상품 아이템이 약 860가지 정도 있었다. 그러나 이것은 터무니없는 거짓말로 시장에서 유통되고 있는 상품은 이중 삼분의 일도 되지 않았다. 팸플릿에 실려만 있을 뿐인 대량의 악성 재고가 창고에서 먼지를 뒤집어쓰고 있었던 것이다.

그것이 수익을 압박했을 뿐만 아니라 대차대조표(밸런스시트)를 악화시켰다. 악성 재고는 자산으로 계산되지만 그것은 '보이는' 숫자에 불과하다. 그러나 재고를 처분해 손실을 실현하면 손익계산서의 결과가 나빠진다. 그래서 차일피일 미루다보니 어느새 재고가 늘어나버린다. 이것은 '죽음으로 가는 행진'과 같은 것이다.

그래서 나는 회사에 불호령을 내렸다.

"악성 재고는 전부 버려라."

회사 안에서 엄청난 저항에 부딪혔다. 팔리지 않아서 악성 재고가 된 상품은 재고량이 적어서 판매가 되지 않음에도 불구하고 아무도 버리려 하지 않는다.

왜일까?

책임을 지는 게 두려웠기 때문이다.

"누가 이렇게 팔리지도 않는 상품을 만들었나?"

"판매한 사람은 누구지?"

일단 상품을 버리면 이런 책임 문제가 발생한다. 누구나 그런 입장에 서고 싶지 않았던 것이다.

그래서 나는 이렇게 말했다.

"재고 처분은 전적으로 사장인 내 책임이다. 누구의 책임도 묻지 않겠다. 잘못은 내게 있다."

그래도 움직이지 않았다.

어쩔 수 없이 실력 행사에 나섰다. 사이타마 현 구마가야시에 있는 물류센터로 직접 차를 몰고 가서 곧바로 5층으로 향했다. 팔리지 않는 상품일수록 눈에 띄지 않는 5층에 쌓아놓기 때문이다.

본사에서 "사장이 그쪽으로 갔다."는 연락을 받았는지 사원이 숨어 있었다. 쥐 죽은 듯 조용한 플로어에 내 구두소리만 또각또각 울렸다. 그리고 나는 고함을 질렀다.

"장난하나! 이렇게 먼지를 뒤집어쓴 물건이 팔리겠어!"

나는 아우성을 치며 씩씩거렸다. 사원은 숨을 죽이고 가만히 있었다.

이런 일을 매달 한 번씩 반복했다. 솔직히 혼자 소동을 부리고 있으면 '나는 왜 이런 바보 같은 짓을 하나.' 싶었지만 이렇게 요란스러운 퍼포먼스를 연출하지 않으면 사장의 '진심'을 전할 수 없다. 이런 순간에는 바보가 되는 수밖에 없다.

하지만 반년이 지나도 아무도 재고를 버리지 않았다.

어지간히 화가 났다. 그래서 나는 보다 요란하게, 더 파격적으로 행동했다. 늘 하던 대로 소리치는 데서 나아가 상품 케이스를 힘껏 바닥에 내던졌다. 물류센터에서 본사로 연락을 했는지, 담당자가 당황하며 말했다.

"그 상품을 버리면 거래가 중지되는 슈퍼마켓이 있습니다."

그런 것쯤은 그냥 하는 말이라는 것도 알고 있다.

"아, 그래? 그럼 내가 설명하지."

그렇게 말하고 슈퍼마켓 담당자에게 직접 물었다.

"그런 말 한 적 없습니다."

그중에는 "재고는 버렸는데요." 하고 말하는 사원도 있었다. 물론 의심스럽다. 버리는 척하고 다른 데 숨길 수도 있다. 남의 눈을 속이는 방법은 얼마든지 있다.

그럴 때는 독설을 했다.

"아하, 그거 잘했군. 하지만 나중에 어디서라도 물건이 나오면 담당자는 내 손에 죽어."

대답은 창백해진 얼굴에 쓰여 있다.

독설이 효과가 없을 때는 협박도 했다.

"그렇게 반대한다면 상품이 아니라 자네를 버리는 건 어떨까?"

이렇게까지 한 뒤에야 5층에서 상품이 하나씩 없어지기 시작했다. 악성 재고를 줄이는 데 거의 1년이 걸렸으니 어이가 없지만 매사가 곧바로 움직이는 것은 아니다.

중요한 것은 포기하지 않는 것이다. 사장이라면 끈기를 가지고 철저하게 목표한 바를 해내지 않으면 안 된다.

사장의 일이란 인내하는 것이다

그건 그렇고 조직이란 재미있는 것이다.

하나를 줄이기 시작하면 다음은 빠르게 진행된다. 상품이 조금씩, 조금씩 줄기 시작하더니 눈사태가 나듯 속도가 빨라졌다. 그리하여 취임 당시 860가지였던 상품 아이템도 3년 후에는 300가지를 밑돌게 되었다.

아마도 이런 것이리라.

나는 '책임을 묻지 않겠다.'고 계속 주장했다. 그러나 사원들은 그 말을 믿을 수 없었을 것이다. '사장님이 요즘 입으로는 그렇게 말하지만 아차 하면…….' 그렇게 생각하면서 누구나 머뭇거리고 게다가 빈둥거리며 시간을 보낸다. 그 정도의 처세술이 없다면 샐러리맨으로 살아남기 힘들다고 생각한다.

하지만 상품을 하나 둘 버려도 실제로 아무런 일도 벌어지지 않는다는 것을 목격하면 이야기는 달라진다. 난폭한 사장에게 된통 당하느니 빨리 버리는 편이 낫다고 생각한다.

그래서 '책임을 묻지 않겠다.'고 말한 후에는 사장은 절대 이러쿵저러쿵 얘기해선 안 된다. 사원과 사장 사이에 이러한 신뢰감이 생겼을 때 드디어 모든 일이 단번에 움직이기 시작하는 것이다. 즉, 사원이 그렇게 생각할 때까지는 사장은 바보가 되어 퍼포먼스를 계속해야만 한다.

결국 사장의 일이란 '인내'하는 것이다.

버리는 것이 사장의 일이다

제조업체에게 재고는 가장 큰 리스크다. 악성 재고가 문제가 되어 망하는 회사도 있다. 하지만 많은 회사가 재고를 줄이지 못해 항상 고민하고 있다.

이유는 간단하다.

사장이 결단을 내리지 못하기 때문이다. 책임 문제를 해결하지 않으면 사원들은 악성 재고를 버리지 못한다. 탈출구를 만들어야만 한다. 이를 위해서는 모든 책임을 사장이 질 수밖에 없다. '버리는 것'은 사장밖에 할 수 없는 일이다.

게다가 재고라는 것은 일단 줄어도 또 자연스럽게 늘어난다. 조직의 본성인지도 모르겠다. 그래서 나는 지금도 몇 년에 한 번씩 히스테리를 일으키는 척을 한다.

"전부 버려! 트럭 1백 대를 불러!"

그러면 "버리는 비용이 5억 엔 가까이 듭니다."라든가 "아직 팔릴지도 모르지 않습니까?" 같은 말을 하는 사원이 있다. 그러면 이렇게 말한다.

"상관없어. 버려. 나는 재고가 싫어. 이것은 내 취향의 문제야. 내 책임이니까 잠자코 버려!"

이래야 비로소 전 사원이 움직이기 시작한다.

상당히 피곤하긴 하지만 최고 경영자가 할 일이니까 어쩔 수 없다.

덕분에 성질 급한 나도 아주 인내심이 많아졌다.

사장은 벼랑 끝에 서서 담력을 길러라

NO.1이 되지 않으면 살아남을 수 없다

버리는 것은 재고만이 아니었다. 신상품도 버렸다. 또한 그때까지 연간 약 60가지나 출시되던 신상품을 한 가지로 줄였다. 물론 회사가 비난의 목소리로 떠들썩했다.

"유일한 신상품이 실패하면 어떻게 합니까?"

"상품이 여러 가지가 아니면 영업이 불가능합니다."

하지만 나는 고집을 꺾지 않았다. 이것이야말로 에스테가 살아남을 유일한 길이라고 생각했기 때문이다.

"우리들은 안일한 꿈을 꿔왔습니다. 미래가 없습니다. 여러분, 넘버원이 되지 않으면 살아남을 수 없습니다."

나는 사장 취임 연설에서 이렇게 주장했다.

이것은 내 절실한 생각이었다. 거품 경제 시절에는 1번에서 4번, 혹은 5번 타자까지 사이좋게 장사를 했다. 따뜻한 물에 몸을 담고 있었기 때문이다. 그러나 시대는 완전히 변했다.

당시 내가 벤치마킹했던 것은 유럽과 미국의 생활잡화 업계 동향이었다. 유럽과 미국이 일본보다 10년쯤 앞서 가고 있었기 때문이다. 유럽과 미국에서 일어나는 일이 10년 후에 일본에서도 일어난다고 생각할 수 있었다. 지금은 그 시간차가 없어졌다. 어쩌면 일본이 가장 빠를 수도 있다.

세계 시장은 언제나 전국 시대다

그 무렵, 미국에서는 무슨 일이 일어났나?

소매업체의 집중화였다. 그것은 단숨에 일어났다.

오랫동안 미국에는 케이마트(Kmart)*를 비롯해 수많은 소매업체가 공존했는데 시골에서 시작한 월마트(Walmart)가 순식간에 천하를 재패했다. 월마트의 저가 공세에 케이마트가 실질적인 도산 위기에 몰렸고, 현지 자본의 슈퍼마켓도 차례로 쓰러졌다. 그리하여 월마트는 제조업체에 대한 강력한 가격 지배력을 손에 넣

---

* 현 시어스 홀딩스(Sears Holdings Corp), 미국의 가전 및 생활용품 판매업체로 케이마트 및 시어스를 합병했다.

었다. 게다가 중국 등 아시아로 진출하기 시작했다.

유럽도 마찬가지였다. 유럽 연합이 생긴 이래 프랑스에서는 유통업체 까르푸(Carrefour)와 오샹(Auchan)이라는 두 회사가 과반수를 차지하는 등 급속하게 소매의 집중화, 과점화가 진행되었다.

그 결과 무슨 일이 일어났나? 제조업체가 선별되기 시작했고 각 부문마다 서너 개의 회사밖에 살아남지 못했다. 거대 시장인 세제와 섬유유연제 부문은 P&G, 유니레버(Unilever), 레킷 벤키저(Reckitt Benckiser) 정도로 순식간에 수렴되었다. 나머지 회사는 '프라이빗 브랜드(PB)'*가 될 수밖에 없었다. 게다가 그 후로도 점점 구매가 집중되었다.

나는 해외 제조업체의 CEO들에게 그들의 영업 이야기를 물었다. 그러자 영국에서도, 미국에서도 같은 답이 돌아왔다.

"자네 회사에는 세일즈 담당이 몇 명이야?"

"다섯 명."

"다섯 명이라……. 그래서 일이 돼?"

"그야 소매가 다섯 개밖에 안 되니깐."

영국도 미국도 이런 식이다. 당시 일본의 상식으로는 생각할

---

* 제조업자의 상표가 아닌, 대리점이나 도매상, 소매상이 붙이는 상표.

수 없는 일이 일어나고 있었던 것이다.

정말 큰일이었다. 초조했다.

그때까지 나는 '3번 타자쯤 되면 그래도 살아날 기회가 있겠지'라고 안일하게 생각하고 있었다. 그러나 넘버원이 되지 않으면 살아남을 수 없었다. 그것도 글로벌 넘버원이지 않으면 안 된다. 생활잡화 업계에 참가 규제는 전혀 없다. 국경 같은 것도 없다. 게다가 월마트의 일본 상륙이 눈앞에 있었다.

손 놓고 있다 보면 모두 먹히고 만다. 그것도 순식간에……. 순간의 방심에 목숨이 걸려 있다. 지금이야말로 춘추전국시대라고 생각했다.

회의에서는 무난한 아이디어만 쏟아진다

그런데 당시 에스테의 분위기는 미적지근했다.

왜, 신상품이 60가지나 되었는가?

개발담당자가 60명이었기 때문이다. '한 사람 한 가지 상품 운동'이라고 해야 하나? 어떻게든 상품을 내지 않으면 안 되고 잘릴지도 모르기 때문에 기간에 맞춰 상품을 기획한다. 개발 회의는 에스테의 영어 표기는 'S. T. Corporation'이다. 'ST'는 창업자 스즈키 다카시의 약자가 아니라 'Super Top'의 머리글자다. '슈퍼 톱을 목표로 한다.'는 것이니까 원래는 상당히 혁신적인 회사였다.

에스테는 전쟁 후 가장 먼저 화선지로 포장한 방충제를 만든 것을 비롯해 방향제 「샤르단(シャルダン)」으로 공기청정제 시장을 개척했다. 또 1980년대에는 「드라이 패트」로 제습제 시장을 창출했다. 그 시절의 성공 유전자를 되찾는 것이야말로 춘추전국시대에서 살아남기 위해 없어서는 안 될 요소였다.

그래서 나는 개발 회의를 폐지했다. 눈물 작전으로 기획안이 통과되는 일은 결코 용서할 수 없었다. 그리고 이렇게 선언했다.

"내가 사장이다. 내가 좋아할 만한 일을 해."

너무 거칠었을지도 모르지만 이러지 않으면 회사는 좀처럼 변하지 않는다.

게다가 그때 내게는 유망한 아이디어가 있었다.

사장이 되기 전에는 관리담당 상무를 역임하고 있었는데 평소에도 개발 부문에 얼굴을 잘 내밀었다. 회의를 통하면 이야기가 지루해지지만 그 중에는 재미있는 일을 하려는 담당자도 있다.

"어때, 잘 지내?"

"어떤 일을 해?"

"그거 재미있겠다."

이런 식으로 싱글거리면서 비즈니스가 될 만한 아이디어를 찾는 것이다. 그리고 사장 취임 직전에 어떤 아이디어를 떠올렸다.

당시 경쟁사와 우리 회사 모두 소취방향제*에 액체를 사용하는 방식이 압도적으로 많았다. 그런데 한 담당자가 젤리 상태의 상품을 개발한 것이다.

새로운 소취방향제를 손에 들어 보니 투명하고 예쁜 젤리가 살살 흔들렸다.

"이 방향제는 좀 귀엽네."

* 악취를 없애는 방향제

소매점을 돌아다니며 구경하는 게 취미인 나는 소취방향제 상품들을 잘 알고 있었다. 당시에는 기능성에 중점을 둔 딱딱한 용기로 만들어진 상품밖에 없었다. 거기에 '귀여운 물건'이 놓이면 어떨까? 여성 고객들의 손이 절로 모일 것이다. 고객은 성능이 좋다는 이유만으로 사지 않는다. 감성이 동해야 산다.

그래서 나는 취임하자마자 선언했다.

"누구에게나 지지를 얻을 수 있는 귀여운 상품을 만들어주게. 발매는 내년 3월이야."

개발 부문에 이렇게만 전하고 상품화를 서둘렀다.

성공했던 경험을 잊어라

이때, 한 가지 더 버린 게 있다.

바로 '성공 경험'이다. 성공 경험이란 무서운 것이다. 여기에 사로잡히면 목숨을 잃는다. 당시의 에스테가 그랬다.

1971년에 발매한 이래 공기청정제 시장을 개척해온 방향제 「샤르단」은 방충제와 함께 우리 회사의 간판 브랜드였다. 그러나 이 성공 경험이 경영진의 판단을 둔화시켰다. 경쟁에서 재빨리 시대의 변화를 간파해 방향 제품에서 소취 제품으로 전환했어야 했는데 뒤처지고 말았던 것이다. '샤르단에 의지해서 간다.'는 마음이 회사를 궁지에 몰아넣고 있었다.

그래서 나는 과감하게 「샤르단」이라는 브랜드를 버리기로 했다. 그리고 신상품은 '소취'를 전면에 내세워 경쟁사와 정면승부를 보기로 한 것이다.

물론 솔직히 불안했다. 하지만 과감하게 퇴로를 끊지 않으면 '만약 신상품이 실패해도 「샤르단」이 있잖아.'하며 안주하는 사원들의 생각은 변하지 않는다. 브랜드를 버린다는 것은 바로 그런 의식을 버린다는 말이다. 극약처방일지 모르지만 사원들의 눈빛이 변하는 데는 그 정도의 충격 요법이 필요하다고 판단했다.

도박도 그냥 도박이 아니라 엄청난 도박이었다. 신상품이 실패하면 사장으로서 실격이라는 낙인이 찍힌다. 그보다 회사가 먼저 절체절명의 위기에 몰린다. 그러나 살아남기 위해서는 꼭 해야만 하는 싸움이다.

코너에 몰려야 강심장이 드러난다. 배짱이 없는 녀석은 대체로 도중에 쓰러진다. 배짱 있는 녀석만이 미래를 개척한다. 실패하더라도 배짱만 있으면 삐끗한 것과 별반 다르지 않다.

그렇게 나 스스로를 다독였다.

사장은
역사에서 경영을 배워라

경쟁이 저가 경쟁을 초래하다

신상품은 한 가지로 줄인다.

나는 일생일대의 승부에 분발했다. 그러나 신임 사장이란 슬픈 것이다. 당시 63세였는데 사장으로서 괄목할 만한 실적이 없었다. 바꿔 말하면 '애송이 사장'이었던 것이다.

"저 아저씨, 몇 년이나 버틸까?"

모두들 같은 표정으로 나를 지켜보았다. 저항 세력이었던 임원이 줄면서 회사 안에 긴장감은 생겼지만 그것만으로 권력 기반이 공고해질 정도가 되진 않았다. 오히려 내가 잇달아 내놓은 개혁안이 회사에 상당한 알력을 가져왔다.

"에스테는 언제 정권 교체가 이뤄져도 이상할 것이 없다."

동족회사(同族會社)*였던 만큼 사원들이 그렇게 생각하는 것도 무리는 아니었다.

그래선지 사원들이 좀처럼 내 지시대로 움직이지 않았다. "우향우!"를 외쳐도 맹한 표정을 하고 왼쪽으로 도는 베테랑 사원도 있었다. "귀여운 상품을 만들라."고 해도 개발 현장은 좀처럼 움직이지 않았다. 어쩔 수 없이 내가 현장에 손댈 수밖에 없었다.

용기 디자인 하나까지도 아마추어인 내가 직접 그림을 그리고 "이런 느낌으로 동그랗고 귀여운 것을 생각해보라."고 일일이 지시해야만 했다.

회사 안에서 전방위적 싸움을 벌이는 것이다. 하지만 그렇게까지 하면 어쩔 수 없이 기력이 소모된다. 간신히 힘을 쥐어짜내고 있는 때일수록 공격당하기 쉽다.

경쟁 기업이 우리를 흔들기 시작했다. 방충제로 저가 공세를 펼쳤던 것이다.

히틀러는 도발에 응했기 때문에 패했다

에스테는 방충제 분야에서 최고의 시장점유율을 자랑하고 있었다. 그야말로 방충제는 우리 회사의 근간이었다. 바로 여기에 상대방이 공공연히 도전장을 내민 것이다.

나는 각종 자료를 모아 경쟁 기업의 재무 상태를 확인하고 경악했다. 에스테보다 재무 내용이 압도적으로 좋았기 때문이다.

가격 인하 경쟁은 소모전이다. 마지막에는 체력이 강한 쪽이 이긴다. 게다가 상대는 비공개 기업이었다. 적자를 내선 안 되는 1부 상장 기업인 에스테보다 자유롭게 싸울 수 있다.

'이거 큰일이군……'

나는 한없이 작아졌다.

에스테의 핵심 사업은 방충제와 공기청정제 판매다. 공기청정제는 '방향'에서 '소취'로 이동한 시장에서 일찌감치 뒤처졌다. 그렇기 때문에 사운을 건 신제품으로 기사회생을 노리고 있었던 것이다. 이 승부에 나서겠다고 결단한 것은 방충제의 아성이 있었기 때문인데 그마저 공격을 받고 있다. 게다가 유리한 쪽은 적이다.

상대 기업은 드러내놓고 도전을 시작했고 성질이 급한 나는 곧바로 응하기 시작했다. 적의 대장을 향해 큰소리를 치기도 했다. 물론 허세에 움직일 상대가 아니었다.

회사에서는 모두에게 허풍을 떨었지만 너무 불안해서 밤에 잠도 제대로 못 잤다. 수면제를 복용하지 않고서는 잠들지 못할 정도였다. 일요일 밤에는 월요일이 오는 게 두려웠다.

아마도 상대의 술수에 놀아나고 있었던 것 같다.

사람은 쫓기는 신세가 되면 생각이 많아진다. 나도 이때는 많은 생각을 했다. 특히 도움이 되었던 것은 역사의 교훈이었다. 이를테면 제2차 세계대전의 ‘영국 본토 항공전(Battle of Britain)’이라고 할까? 이것은 1940년에 히틀러가 이끄는 독일이 처칠이 이끄는 영국에 진 싸움이다. 이후 힘의 절정에 있던 독일은 단번에 패배 쪽으로 기울었다.

왜 독일은 패배했는가?

처칠의 도전에 히틀러가 응했기 때문이다. ‘영국의 항공 전력을 섬멸한다.’라는 독일의 목적은 전략적으로 옳았다. 그리고 작전 초기에는 그 목적대로 영국의 비행장과 레이더 기지에 공격을 집중하며 영국을 당황시켰다.

그런데 어느 날 독일 폭격기가 조준을 잘못하여 런던에 폭탄을 투하한 것이 정세를 바꿨다. 영국 공군은 다음 날 밤, 즉시 베를린을 폭격하는 것으로 보복했다. 이 도발에 히틀러가 응했다. 독일은 영국의 항공 전력을 섬멸하는 것에서 대도시를 공중폭격하는 것으로 작전을 변경했다. 오판이 영국을 도왔다. 항공 전력의 소모를 피한 영국은 독일의 공세를 견뎌내는 데 성공했다.

이후 독일은 작전을 수없이 바꿨다. 대도시를 공습하는가 싶더니 다시 항공 시설을 공격했고, 또 다시 도시 공습을 시도하는 등 우왕좌왕했다. 한편 영국은 독일의 도발에 응하지 않고 항공 전력을 지키는 전략으로 일관했다. 이것도 승패를 나눈 큰 포인트이다.

이밖에도 도발에 응해 전쟁에 진 케이스는 수없이 많다. 그런 사례를 되짚어 보고 있는 사이에 머리가 차분해졌다. 여기에 비즈니스 역사를 훑어봐도 가격 경쟁을 그대로 받아들인 회사는 모두 상태가 이상해졌다. 이것은 세계적인 공통점이었다.

경영은 곧 전쟁이다

그래서 이렇게 결단했다.

"저가 공세를 상대하지 않겠다."

이렇게 얘기하면 꽤 멋져 보이지만 실제로는 그 방법밖에 없었다. 다만 도발에는 응하지 않겠다고 냉정해진 것은 잘한 일이었다. 적은 적, 나는 나였다. 흔들리지 않고 내 길을 걷기로 결심했다. 나는 사원을 모아놓고 이렇게 격문을 띄웠다.

"우리들은 가격이 아니라 가치로 승부한다. 우리들에게는 브랜드가 있기 때문에 100엔 비싼 것이 당연하다. 오히려 이럴 때일수록 가격을 올리는 게 맞다. 그러기 위해서는 지금이야말로 브랜드를 강하게 만들어야 한다.”

영업팀에서 비난과 약한 소리가 쏟아져 나왔다.

“가격을 내리지 않으면 주문을 받지 못합니다.”

어쩔 수 없어서 말도 안 되는 소리를 하고야 말았다.

“이런 때를 대비해서 너희들을 고용한 거야. 어떻게든 해. 안 되겠다 싶으면 무릎이라도 꿇어서 가게에 상품을 놓도록 해야지. 백 번 정도 우는 척이라도 해. 나 같으면 그 정도는 만 번이라도 하겠다.”

“그렇게 가격을 낮추고 싶으면 내가 저쪽 회사에 취직 부탁이라도 해줄까?”

이런 황당한 얘기를 해대면 결국 사원들은 포기한다.

“이 아저씨, 얘기해봤자 상대가 안 되네.”

그리고 결국 ‘어쩔 수 없지.’ 하는 마음으로 어떻게든 영업을 해보려고 노력한다.

그래서 어떻게 되었냐고?

우리도 매상이 줄어 일시적으로는 큰 타격을 입었지만 결국 시장점유율에는 변화가 없었고 가격도 그대로 유지했다. 역시 가격 경쟁은 무모한 일이다. 상품의 생산 비용 자체가 낮아지지 않는 이상 가격 경쟁을 계속할 수 없다. 시간이 흐르면 흐를수록 힘들어진다.

덕분에 지금도 우리 방충제가 시장점유율에서 압도적인 1위를 달리고 있다.

역시 도발은 '하는' 것이지 '응하는' 것이 아니다. 그것을 알려준 역사에 감사한다.

나는 경영서를 잘 읽지 않는다. 도움이 되는 것은 역사서다. 특히 전쟁사에는 힌트가 많다. 왜냐면 경영의 최종 집합체가 바로 전쟁이기 때문이다.

사장을 목표로 한다면 역사를 배우는 게 좋다고 생각한다.

사장은
엄청나게 허풍을 떨어라

다수의 생각을 모으지 마라

상품 매상을 결정하는 것은 좋은 상품명(Naming)이다.

그래서 회의 시간에는 '상품명을 잘 짓기 위해선 여러 사람의 지혜를 모아야 해.' 라는 식의 대화가 흘러나온다. 하지만 바로 이게 잘못이다. 과거 에스테에서도 사원들이 모여 이러쿵저러쿵 논의를 하며 상품명을 정하는 회의를 했었다. 이래서는 누구의 마음도 울리지 못하는, 무난한 상품명만 생겨난다.

왜일까?

회의를 하면 아무래도 참가자들의 균형을 맞추려고 하기 때문이다.

"그 사람의 의견을 무시해선 안 돼."

"그 사람 체면도 세워야지."

이렇게 신경을 쓰다 보면 논의는 절충안으로 모아지게 된다.

게다가 누구도 결과를 책임지고 싶어 하지 않는다. "그 사람이 정한 상품명 때문에 상품이 팔리지 않았다."고 지적받고 싶지 않은 것이다. 그래서 미리 선을 긋거나 다른 회사의 잘 팔리는 상품의 이름을 따르려고 한다.

이렇게 해서는 넘버원 제품을 만들 수 없다.

그래서 그 회의도 중단했다. 젤리 상태의 소취제를 사용한 기사회생의 신제품을 만들어야 한다. 에스테와 내 운명을 건 일대 프로젝트이다. 이것을 시작으로 소취제 브랜드를 지속적으로 만들어야만 한다. 나는 '이것만은 사원에게 맡겨선 안 된다.'고 생각한 뒤 선언했다.

"사장인 내가 상품명을 결정한다."

아이디어를 만나려면 끝없이 생각해라

그리고는 48시간 동안 생각만 했다.

'소취'라는 단어를 사용하는 것은 이미 정해놓았다. 대체로 3음절의 상품명이 좋다는 것도 알고 있었다. 심플하고 외우기 쉽고 강력한 것, 그래서 '소 · 취 · ㅇㅇ'나 'ㅇㅇ · 소 · 취' 등 단어를 이리저리 가지고 조합해 보았다.

이 상품의 콘셉트는 '귀엽다'는 것이니까 상품명도 귀여워야 하겠지? 영어가 들어가는 게 낫겠지? 이런저런 생각을 하며 일단 여러 이름을 내놓았다. 생각에 정신없이 빠져 있을 때도 있었다.

하지만 혼자서만 생각하다보면 막히는 순간이 온다. 그럴 때는 사원들을 데리고 계속 술을 마셨다. 거기서 큰소리를 뻥뻥 쳤다.

"이 상품은 꼭 팔릴 거야."

"나는 이 상품으로 천하를 얻게 될 거야."

그리고 생각나는 대로 아이디어를 얘기했다.

"이봐, 좋은 이름이지?"

"아, 예……."

"그런 이상한 표정은 짓지 말게. 소취 젤리는 어떤가? 왠지 맛있게 느껴지지 않나?"

"사장님, 음식이 아니니까 그건 좀……."

"이 자식, 뭘 모르네. 자, 그럼 이건 어때?"

이렇게 하하하 웃으면서 만담가처럼 떠들어 댄다. 점점 분위기가 무르익으면서 그때까지 떠오르지 않았던 상품명도 나온다. 그러다가 잔뜩 술에 취해 천지분간이 안 되는 순간에 느닷없이 상품명이 떠오른다.

다음 날 아침, 눈을 떴을 때 머리에 남아 있는 상품명이 있다.

"어라? 이게 괜찮지 않을까?"

그리고 수없이 떠오른 상품명의 감촉을 마음속으로 확인한다. 그러다보면 몸속 저 깊은 곳에서 '이거다!' 싶은 것과 만난다.

그것이 「소취포트(消臭ポット)」라는 이름이었다.

허풍을 떨지 않으면 아이디어는 나오지 않는다. 서로 바보 같은 얘기를 주고받다보면 점차 머리가 유연해진다. 그리고 문득 어느 순간, 생각지도 못한 아이디어가 떠오른다. 「소취력(消臭力)」이라는 상품명도 선술집에서 직원들을 놓고 허풍을 떨다 번뜩인 것이다.

물론 허풍만 떤다고 아이디어가 떠오르진 않는다. 그것은 그저 '생각해 내는 것'에 불과하다. 다리를 움직여 가게를 돌아다니고 마케팅을 하며 철저하게 논리적으로 생각하지 않으면 얼간이가 되고 만다.

하지만 그것만으로는 아이디어가 나오지 않는다.

논리적으로만 생각한 것을 가슴에 담으면 곧 잊기 쉽다. 따라서 멈추지 않고 아이디어를 끊임없이 생각한다. 꿈속에서도 생각할 정도로 생각하고 또 생각하는 것이다. 그다음에는 허풍을 떤다. 껄껄 웃으면서 이야기를 주고받는다. 그러다보면 뱃속에서 아이디어가 튀어 나온다. 나는 이거야말로 우뇌와 좌뇌를 동시에 운동시키는 일이라고 생각한다.

그러므로 허풍은 아주 중요하다.

그러나 나도 70세를 넘기면서 조금 어른스러워졌는지, 요즘에는 거의 허풍을 떨지 않고 있어서 반성하고 있다. 사장은 어른스러워져서는 안 된다.

광고는 투자다

어쨌든 나는 드디어 납득할 수 있는 상품명과 만났다.

「소취포트」

이 이름에 운명을 걸기로 결정했다.

좋은 이름이 확정되면 상품 이미지가 좀 더 명확해진다. 회사 디자이너와 여러 차례 이야기를 나누면서 아로마 포트 같은 예쁜 곡선이 있는 용기 디자인을 완성했다. 또한 젤리 상태의 소취제를 최대한 빨리 개발했다.

이제 무엇보다 중요한 것은 광고 CF이다.

효과적인 광고를 만들어 「소취포트」의 인지도를 단번에 높여야

했다. 여기에 신제품을 하나로 줄인, 또 하나의 이유가 있었다. 그때까지 몇 가지 상품에 분산되어 있던 광고 예산 약 30억 엔을 이 하나의 상품에 집중 투하하기 위해서였다.

광고 CF를 내보내는 것은 경쟁 기업과의 싸움이 아니다. 광고 CF를 방송하는 모든 기업과 경쟁하는 것이다. 일본에서는 매월 4천 개나 되는 광고 CF가 방송되는데 그중에서 시청자의 기억에 남는 것은 소수에 불과하다. 그리고 기억에 남지 않으면 그 광고 CF는 없는 것과 마찬가지다. 그런 가혹한 세계다.

게다가 도요타자동차, 산토리, 소프트뱅크를 비롯해 우리보다 수십 배나 되는 막대한 광고 예산을 동원하는 기업도 많다. 광고 예산으로는 결코 많지 않은 30억 엔을 분산해선 거대 기업의 광고 CF를 이길 수 없다.

"광고 CF는 투자다."

이것은 내 경영 철학이다.

광고 CF에 투자한 금액에 걸맞는 매출을 올리지 못하면 아무리 작품의 질이 높아도 '실패'다. 그래서 나는 늘 CF 효과를 나타내는 데이터와 투자액을 엄격하게 체크한다. 비용 대비 효과를 올리기 위해서는 시청자의 감성에 호소해 기억에 남을 만한 것을 만들어야 한다.

이때, 나는 이 한 가지에 타깃을 맞춰 지시를 내렸다.

"잘 들어. 손자가 나한테 와서 '할아버지, 이 노래 알아? 포트, 포트, 소~취~ 포트♪'라고 노래하는 거야."

몇 시간 뒤, 프로가 만든 노래가 도착했다.

"포트, 포트, 소~취~ 포트♪"

신나고 몸이 들썩거리는 곡조와 나도 모르게 흥얼거리게 되는 멜로디……. 이 노래를 듣고 나는 '되겠다!'라고 직감했다.

물론 팔린다는 보증은 어디에도 없었다. 하지만 내 직감을 믿었다. 사장이 결국 마지막에 믿을 수 있는 것은 자신의 직감이다.

허풍도 진심으로 떨면 현실이 된다

"연간 판매목표 1천만 개."

나는 임원회의에서 어마어마한 판매목표를 내세웠다.

물론 전원이 반대했다. 당시 소취 방향제는 5년 동안 1천만 개가 팔리면 히트 상품으로 인정받았다. 그럼에도 불구하고 정체를 알 수 없는 「소취포트」라는 제품을 들고 나와 1년에 1천만 개를 팔겠다고 한 것이다. 신제품을 하나로 줄인 것을 놓고 여전히 이

론이 있는 가운데 위험요소를 늘리는 판매목표에 찬성할 리 없었
다. 임원회는 경악했다.

그러나 나는 자신이 있었다. 게다가 리스크를 동반하는 높은
목표를 제안해야 오히려 사원들의 위기감과 저력을 끌어낼 수 있
다고 생각했다. 물론 높은 절벽에서 뛰어 내리는 것이나 마찬가지
다. 나도 모르게 다리가 얼어붙는다. 하지만 승부를 벌일 때 대장
이 떨고 있어서야 사기가 오르지 않는다.

임원회는 분규를 계속했다. 탁상공론을 벌여도 결론은 나오지
않았다. 그래서 나는 계략을 세웠다. 임원회의 승인을 받지 않은
채 매달 1일에 열리는 전체 조례에서 이렇게 말을 흘렸다.

"오늘 아침, 베개맡에 여신이 나타나서「소취포트」로 에스테는
구원을 받을 것이라고 알려줬다. 그래서 연간 판매목표는 1천만
개로 하기로 결정했다."

조례회장이 떠들썩해졌다.

'저 아저씨, 또 이상한 소리를 하네.'

사원들의 얼굴에는 당혹스러움과 포기의 표정이 교차했다.

그 틈을 노리고 나는 혼신의 힘을 다해 토해냈다.

"무슨 일이 있더라도 달성한다! 반드시 해낸다!"

하고 싶은 말만 하고 재빨리 퇴장했다.

이로써 '연간 판매목표 1천만 개'는 기정사실이 되었다.

물론 '여신의 속삭임' 같은 건 없었다. 아무렇게나 지어낸 허풍이다. 하지만 아무리 논리적으로 얘기해도 '연간 판매목표 1천만 개'의 정당성을 설명할 순 없었다.

이것은 사장의 결단이자 각오였다. 그렇다면 그럴싸한 논리를 늘어놓기보다는 허풍을 떨어 상대를 혼란스럽게 하는 게 정답이다. 상대방이 쓴웃음을 지으면서도 '어쩔 수 없지, 한번 해볼까.'라고 생각하게 하는 편이 낫다. 그리고 허풍이 크면 클수록 '사장이 저 정도라면……' 하고 사원들은 힘을 얻는다.

'그런 바보 같은 일이 있을 수 있을까.' 하고 생각할지도 모르겠으나 나는 이 역시 사장이 취할 수 있는 방법 중 하나라고 생각한다.

진심으로 허풍을 떨면 현실이 된다.

사장은 운과 감과 배짱을 갈고닦아라

결국에는 사장의 생각으로 결정된다

'연간 판매목표 1천만 개.'

말도 안 되는 목표를 세운 시기는 1999년 2월, 「소취포트」의 발매까지 앞으로 채 한 달도 남지 않았다. 드디어 전투가 개시되었다.

이 싸움은 결코 질 수 없었다. 당시의 나는 실적이 없는 신임 사장일 뿐이었다. 내가 깃발을 휘두른다고 사원들이 저절로 따라오는 것은 아니다. 여기서는 겸임하고 있는 영업본부장으로서 솔선수범해 사기를 높일 수밖에 없다. 나는 전체 사원 조례 후 곧바로 전국의 지점을 돌기 시작했다.

함께 「소취포트」 샘플을 들고 돌아다니던 영업팀은 '이건 팔린다!'는 감각을 가지고 있었다. 그래도 역시 두려웠다. 영업사원들이 진심으로 '팔린다!'고 믿지 않으면 판매목표는 달성되지 않는다. 그래서 나는 그들을 격려했다.

"내 말이니까 믿어, 이 상품은 반드시 팔린다! 상품의 힘을 믿고 죽을힘을 다해 팔아!"

대부분의 지점 영업사원들은 이 말을 기개로 받아들여 주었다. 그중에는 반신반의하는 사람도 있었지만 말이다.

"올해 신제품은 이거밖에 없어. 팔지 못하면 자네들 판매실적은 제로야."

이렇게 거짓말까지 하면서 영업을 시켰다.

일용 잡화의 영업이란, 이른바 '자리 잡기' 전쟁이다. 포인트는 '배꼽'이다. 손님이 진열장 앞에 섰을 때 배꼽 높이에 있는 선반에 올려둔 상품이 가장 잘 팔린다. 당연히 경쟁사들도 그곳을 차지하러 온다. 배꼽에 얼마나 넓은 공간을 확보하고 상품을 진열할 수 있는지의 성공 여부가 상품의 매상을 크게 좌우하는 것이다.

그때까지 소매점의 자리 잡기 경쟁은 '소취' 시장에서 선수를 빼앗겨 경쟁사에 밀리고 있었다. 그런 상황을 날려버릴 좋은 기회로 영업사원들은 힘 있게 달려들어 주문을 따내려 노력해주었다.

'그들에게만 맡겨둬서는 안 된다.' 이렇게 생각한 나도 전국의 판매점을 뛰어 다녔다.

그동안 나는 매일 수만 번씩 '팔린다, 팔린다, 팔린다.'하며 자기암시를 걸었다. 일에서 결과를 내는 데 있어 중요한 것은 결국 열의다. 얼마나 진심으로 팔린다고 믿는가, 사장의 생각이 얼마나 강한가를 시험하는 것이다.

이건 된다! 라는 강한 확신을 가져라

이렇게 정신없이 발매 당일을 맞이했다.

나는 성질이 급하다. 매상이 신경 쓰여 가만히 있을 수가 없었다. 영업팀의 보고를 기다릴 수가 없어서 소매점을 직접 돌아다니며 매상을 체크했다. 상품 하나가 없어지는 것을 보는 것만으로도 날아갈 듯 기뻤다. '가격은 이 정도로 괜찮을까?' '이런 판촉물을 붙여볼까?' 같은 생각을 하거나 진열 장소가 좋지 않으면 '배꼽' 자리에 놓이면 좋겠다고 부탁하기도 했다.

도가 지나쳐 아내를 화나게 한 적도 있다. 「소취포트」의 발매 직후 오랜만에 아내와 나가노(長野)로 휴식을 취하러 갈 때였다. 휴일인데 매상이 궁금해 정신을 차리지 못했다. 나도 모르게 고속도로 인터체인지마다 내려 그 지역의 유력 판매점 상황을 체크했다.

결국 아내는 피곤에 지쳤고 여기에 뭘 하러 왔냐고 화를 냈다.

그러나 매상을 확인하는 것을 멈출 수 없었다. 호텔에 도착해 아내를 쉬게 하고 곧바로 나가노 지역의 판매점을 돌았다. 구제불능이라 해도 할 말은 없다.

그리고 발매 일주일이 지났다.

'이건 된다!'는 확신이 들었다. 상점에서 상품이 줄어드는 속도, POS 데이터, 영업 보고……. 그 모든 것이 '팔리는 상품'의 움직임을 보였기 때문이다.

일용 잡화의 신제품을 발매하면 처음에는 대체로 매상이 확 오른다. 필시 새로운 상품을 사보는 손님이 있기 때문이다.

그러나 그 후 대부분의 상품 매상은 떨어진다. 바로 이때가 정말 중요한 순간이다. 그대로 상점에서 사라지는 상품과 다시 매상이 오르는 상품으로 나눠지기 때문이다. 물론 후자는 거의 없다. 「소취포트」도 발매 3개월이 지나자 일단 매상이 떨어졌다. 군침을 삼키며 상황을 지켜봤다.

내 확신은 배신당하지 않았다. 이후 다시 팔리기 시작한 것이다. 재구매자가 생겼기 때문에 높은 상품력이 증명된 순간이었다. 광고 CF도 큰 성공을 거뒀다. '포트, 포트, 소~취~ 포트♪'라는 노래가 유행해 버라이어티 프로그램에서 다뤄질 정도였다.

공장은 풀가동 생산체제를 구축했지만 점차 출하를 따라가지 못했다.

"소매점부터 빨리 납품해달라고 야단입니다."

영업부에서는 비명을 질렀다. 그러나 일용 잡화는 살짝 품절인 상태가 좋다. 주목도가 더욱 오르기 때문이다.

주위를 압도하는 결과를 내야 한다

「소취포트」는 팔리고 또 팔렸다. 순식간에 1년이 지나갔다.

그리고 나는 엄청난 도박에서 이겼다. 모두가 무모하다고 생각한 '연간 판매목표 1천만 개'를 멋지게 달성한 것이다. 이로써 회사도 드디어 한숨을 돌렸다.

무엇보다 큰 수확은 사원들이 자신감을 되찾은 것이다. 개발팀은 '어차피 안 되겠지.' 하고 뒤로 미뤄두었던 아이디어를 저마다 제안하기에 이르렀다. 영업팀도 파는 재미에 눈을 뜬 듯 활기차게 움직였다.

나를 보는 사원들의 눈도 변했고 새로운 분위기가 형성되었다.

"이 사장은 일단 말을 꺼내면 그걸로 끝이야. 말도 안 되는 소리를 하지만 일단 따라가 보면 뭔가 되긴 되네."

다음 말은 마키아벨리의 《군주론》에 나오는 한 구절이다.

"위대한 사업을 일으켜 스스로 희소가치가 있는 사람이라는 사실을 드러내는 일보다 군주의 명성을 높이는 것은 없다."

정말 맞는 말이라고 생각한다. 단순히 사장이라는 자리에 임명되었기 때문에 사장이 되는 것은 아니다. 주위를 압도하는 '결과'를 내야 비로소 '사장이 되는 것'이다.

경영에는 항상 도박의 요소가 있다. 아무리 논리적으로 생각해도 결단을 내릴 수 없는 선택에 쫓기는 경우도 있다. 여기서 꼬리를 감추고 도망가서는 결과가 나오지 않는다.

필요한 것은 '도박의 재능'이다.

일본 해군의 수뇌부는 야마모토 이소로쿠(山本五十六) 이하 전원이 브리지 게임을 즐겼다. 등소평도 게임을 좋아하는 것으로 유명하다. 오늘날 미국의 부자들도 1년에 한 번씩 모여 브리지 게임 대회를 열고 있다. 번 돈은 모두 기부한다고 한다. 요컨대 성공한 사람은 대체로 도박 근성이 있다는 말이다. 여러 요소에서 도박에 승리한 자가 성공한 사람이 된다.

진지한 표정으로 생각만 하고 있다고 해서 도박에 이기는 것은 아니다. 아무리 책을 많이 읽고 공부해도 도박에서 이길 순 없다. 오히려 과한 공부는 좋지 않다.

사장에게 필요한 것은 '운'과 '감'과 '배짱'이다.

Part **2**

사장은 멋있는 척을 하지 마라

사장은
허울뿐인 말은 하지 마라

사장은 **철저한** 현실주의자가 **되어야 한다**

나는 허울뿐인 말은 믿지 않는다. 또 세간에 그럴싸하게 떠도는 말 역시 전혀 믿지 않는다. 이것은 내가 어린 시절부터 변함없이 지켜온 신념이다.

내가 열 살 때 일본은 전쟁에 졌다. 초등학교에 갔더니 먹물을 가져오라고 했다. 그리고선 교과서를 검게 칠하라고 명령했다. '이제까지 가르친 것은 전부 거짓말'이란다. 웃기는 이야기다.

나는 군국소년(軍國小年)*은 아니었다. 군국소년은 좋은 집안의 도련님밖에 못 했다. 나 같은 사람은 아버지의 일을 돕느라 정신이 없어서 군국소년이 될 틈도 없었다. 하지만 대단한 듯 뻐기던

---

* 일제시대 일본에서 징병 연령에 도달하지 않은 나이에 자원하여 입대한 소년병을 일컫는 단어

어른들이 손바닥 뒤집듯 태도를 바꾸는 것이 영 마음에 들지 않았다.

새로운 체제의 중학교에 들어갔더니 교과서는 딱 한 권만 배부되었다. 표지에는 '민주주의'라고 적혀 있다. 그것을 보는 순간 생각했다. '민주주의라는 것은 짬짜미다. 이런 데 속아선 안 된다.'고 굳게 믿었다.

그 후로 나는 철저한 현실주의자였다. 세상의 실상은 꼭 내 눈으로 확인한다. 인간의 실상도 내 눈으로 확인한다. 세상은 늘 속임수의 외피를 뒤집어쓰고 있다. 거기에 속아서는 살아남을 수 없다.

살아남는 것은 쉽지 않다

우리 집은 할아버지 대부터 상당히 고생했다.

에도 시대부터 대대로 도쿄 도 사이타마 현의 가와고시 근방에 살았다. 할아버지 때는 물레방아로 제분 사업을 해서 꽤나 번성했다고 한다.

그런데 메이지 시대(1868~1912)가 되어 기계 제분이 등장하자 사업은 순식간에 망했다. 제대로 된 회생절차가 없었던 시절이라고리대에 꽤나 괴롭힘을 당했다. 마흔 살쯤 되었던 할아버지는 간신히 도쿄로 도망쳤다.

충격으로 할아버지는 병에 걸려 재기불능이 되었기 때문에 당시 15세였던 아버지가 가계를 꾸렸다. 그 무렵 제일 쉽게 돈을 벌 수 있었던 일은 항만 노동자였다. 그 일을 하며 돈을 모아 메이지 신궁(明治神宮) 근처에 노점상을 시작했다.

처음으로 시작한 일은 지도 판매였다. 간토대지진이 일어났을 때 도쿄의 백지도를 죄다 사들여 "여기는 불탔다." "이 길은 사용할 수 없다." 같은 정보를 색연필로 적어 넣고 진열했다. 친척의 안부를 확인하려는 수많은 사람들이 도쿄에 몰려들었기 때문에 지도는 날개 돋친 듯 팔렸다고 한다.

자본이 없으니까 아이디어로 승부한 것이다. 우리 아버지이지만 대단하다고 생각한다. 그렇게 번 돈으로 하라주쿠 근방에 '스즈키도쿄도'라는 작은 가게를 열었다. 지금으로 치자면 일용 잡화를 다루는 할인 상점이었다. 그 무렵 아버지의 꿈은 당시 나는 새도 떨어뜨릴 기세였던 라이온*비누의 대리점이 되는 것이었다.

아버지는 24시간 내내 영업하며 성실하게 일하고 또 일했다.

---

* 라이온 주식회사는 세제, 비누, 치약 등 생활용품, 의약품, 화학품을 다루는 일본의 기업이다.

“너무 싸게 판다.”며 동업자들의 비난을 꽤나 들었던 모양이지만 다행히 가게는 번성했다.

하지만 일본은 전쟁을 시작했다.

드디어 공습이 임박하자, 아버지는 나 혼자만 고후(甲府) 근처 마을로 피난시켰다.

먼 친척 집에 얹혀 사는 일은 눈치가 보였다. 현관 귀퉁이 반 평쯤 되는 곳에서 자면서 아이를 보거나 목욕물 데우는 일을 도우며 지냈다. 초등학교에서는 꽤나 괴롭힘을 당했다. 골목대장에게 죽을 만큼 얻어맞기도 했고 아이들이 강 건너에서 돌을 던지기도 했다.

선생님이 더 심했다. “오늘은 내가 숙직이니까 맛있는 걸 가지고 오너라.” 같은 말을 아무렇지도 않게 했다. 말도 안 되는 일이었다. 피난 온 사람들은 다 같이 모여 학교를 더 이상 상대하지 않기로 했다. 일단 배가 고프니까 친구들과 함께 개구리나 뱀을 잡아 먹기도 했다. 한창 자랄 때 그런 것밖에 먹지 못한 탓에 나는 덩치가 작다.

항복 방송은 또렷이 기억하고 있다.

지주의 집 마당에 사람들이 모두 모여, 커다란 라디오 앞에 앉았다. 전파가 잘 잡히지 않아 방송이 제대로 들리지 않았다. ‘무슨 소릴 하는 거지?'라는 생각을 하는데 어른들이 술렁이기 시작했다.

"이겼다. 일본이 이겼다. 만세!"

미군 비행기가 상공을 나는 것을 본 적이 있었기 때문에 '설마 그럴 리가.'라고 생각했다. 하지만 '이제는 방공호를 더 이상 파지 않아도 되겠구나.' 싶어 마음이 놓였다.

얼마 후 아버지의 편지가 도착했다. 도쿄로 돌아오라는 소식에 혼자 기차를 갈아타며 귀경했다. 대공습으로 시커멓게 불탄 도쿄를 봤다. 건물은커녕 나무 한 그루, 풀 한 포기 없었다. 가리는 것이 없어선지 엄청난 강풍이 불고 있었다.

아버지가 고생해서 만든 조그만 가게도 보기 좋게 타버렸다. 순식간에 아버지는 나이 50세에 다시 빈손에서 출발해야 하는 상황에 몰렸다.

비와 이슬만 피할 수 있는 판잣집을 짓고 하루라도 빨리 장사를 하겠다며 거리에 가판을 열었다. 아버지가 어디선가 구해온 상품을 내가 팔았다. 아버지가 바이어이고 내가 상인이었다. 조그만 아이가 일하고 있는 게 불쌍해 보였는지 상품은 잘 팔렸다.

형들은 모두 전쟁에 끌려 나가서 내가 아버지를 도울 수밖에 없었다. 무슨 일이든 했다. 당시 암시장에서 거래되는 쌀은 먹지 않겠다고 버티다가 굶어 죽은 판사가 화제가 되었다. 그런 삶은 멋있어 보일 수는 있다. 그러나 허울만 좋아서는 먹고 살 수 없고 가족을 부양할 수도 없다. 때로는 나쁜 지혜라도 짜내지 않으면 개죽음을 당할 수도 있다.

현실주의자가 되지 않으면 살아남지 못한다. 그것이 진짜 현실이라는 것을 깨달았다.

그럴듯한 도덕주의를 버려라

이때의 경험이 경영자로서의 원점이 되고 있다.

따라서 나는 허울 좋은 말은 믿지 않고 하지도 않는다. 많은 경영자가 《논어》를 애호한다. 물론 '인(仁)'이나 '애(愛)'를 존중하는 것은 중요하다. 그처럼 사는 것이 이상일 것이다. 그러나 정말 그것만으로 경영할 수 있을까? 너무 말만 번드르르하다는 생각이 들어 비웃게 된다.

내 좌우명이 되는 책은 마키아벨리의 《군주론》과 《한비자》이다. '권모술수의 책', '인간불신의 책'으로 세간에서는 그리 평이 좋지 않다. 하지만 리더십을 공부하는 데는 사상 최고의 책이라고 생각한다.

《강자의 인간학, 한비자》에서 모리야 히로시(守屋洋)는 한비자의 사상을 이렇게 해설하고 있다.

"인간은 욕망에 따라 움직이는 동물이다. 인간을 움직이는 것은 '인'이 아니며 '의(義)'도 아니다. 오직 하나, '이(利)'라는 것이 한비자의 인식이다."

"리더는 대를 살리기 위해 소를 희생해야 하는 비정한 결단을 내려야 할 때가 있다. 또 조직의 존속을 도모하기 위해서는 그럴듯한 도덕주의를 버려야 하는 경우도 있다."

"상대가 배반하지 않기를 기대하기보다 배반하려고 해도 할 수 없는 태세를 갖춰라. 상대가 속임수를 쓰지 않기를 기대하기보다 쓰려고 해도 쓸 수 없는 태세를 갖춰라."

또 마키아벨리는 이렇게 주장한다.

"어떻게 살아가야 하느냐만 논하며 현실 속 인간의 삶을 직시하지 않는 사람은 현재 소유하고 있는 것을 유지하기는커녕 모든 것을 잃고 파멸로 향하게 될 것이다. 왜냐하면 무슨 일에 선을 행하려는 사람은 악한 사람들 사이에서 파멸할 수밖에 없는 경우가 많기 때문이다."

"사려 깊은 사람은 끝까지 신의를 지키는 것이 자기에게 불리한 경우, 혹은 이미 지켜야 할 이유를 잃은 경우에는 끝까지 신의를 지키려 하지 않으며 또한 지킬 이유도 없다. 물론 내 생각은 인간이 모두 선하다면 필요 없는 말이다. 하지만 아둔하고 이기적인 인간이 많은 게 현실이므로 당신 역시 자신에게 가장 유리한 방법으로 행동할 수밖에 없다.”

이게 바로 철저한 리얼리즘이다. 자기 가슴에 손을 얹고 생각해보길 바란다. 자신을 움직이는 원동력이 ‘인’이나 ‘의’인가? 자신은 아둔한 이기주의자가 아니라고 자신할 수 있나? 내게는 그렇다고 말할 용기가 없다.

그렇다면 사장은 세상의 실상과 인간의 실상을 직시해야만 한다. 그렇지 않으면 결과적으로 ‘악’을 저지르게 된다. 허황된 이상론만으로 경영하다 회사를 망하게 하면 사원들은 길에서 헤매게 되고 거래처에도 피해를 준다. 그것은 조직을 이끄는 인간으로서 용서받을 수 없는 짓이다.

많은 사장을 봐왔지만 근사한 말을 하는 사장은 위험하다. 자각이 없는 위선자가 가장 두렵다. 선한 것과 악한 것을 모르기 때문에 착한 사람인 척하면서 아무렇지도 않게 ‘정말 나쁜 짓’을 한다.

물론 내게도 꿈과 이상이 있다.

그런 게 없다면 너무 힘들어 경영을 할 수 없다. 그러나 그것을 실현하기 위해서는 근본적으로 냉철한 현실주의자가 되어야 한다. 현실주의자가 아니고서는 꿈도 이상도 실현되지 않는다.

무엇보다 나는 근본이 무른 구석이 있다. 누군가에게 속아도 마음속으로 용서해버린다. 그렇기 때문에 오히려 마키아벨리와 한비자를 읽고 스스로를 채찍질하고 있는지 모른다.

사장은 폭주할 수 있을 정도의 권력을 가져라

민주주의 경영의 실체는 무책임 경영

민주주의⋯⋯, 전쟁 후 듣는 것만으로 누구나 '선(善)'으로 느끼는 단어다.

그러나 내가 에스테의 사장이 되고 처음으로 한 일은 '민주주의'를 부정한 것이다. 임원 수 삭감, 재고 처분, 신제품 축소, 「소취포트」 발매⋯⋯. 모든 것을 회사의 반대를 무릅쓰고 독단적으로 단행했다.

사원들 대다수에게 나는 폭주하고 있는 것처럼 보였을 것이다. 실제로 나를 견디다 못해 퇴직한 사람도 적지 않았다. 그러나 나는 그때까지의 경영방침을 부정하는 것에서 사장의 일을 시작해야만 했기 때문에 기존의 가치관에 물든 사원이라면 내가 하는 일을 미친 짓으로 보는 게 당연했다. 오히려 그래야만 했다.

무엇보다 회사는 민주주의로 움직이지 않는다. 민주주의라고 하면 듣기에는 좋지만 그 실태는 무책임 경영이다. 합의, 다수결 등이 실체를 숨기는 수단으로 사용되는 민주주의라면 없는 편이 훨씬 낫다. 실제로 민주주의로 경영하는 편이 사장도 편하다. 책임을 지지 않아도 되니까.

경영에 실패한 사장이 "책임을 지고 사임한다."고 얘기하는 경우가 있는데 말도 안 되는 소리다. 물론 결론은 확실히 내야 한다. 그러나 법률상 문제를 제쳐두고 사임하는 것이 책임을 지는 거라고 생각한다면 큰 착각이다.

도의적으로 사장은 무한 책임을 지고 있다. 그런 각오를 가지고 폭주할 수 있는 정도의 권력이 없다면 사장은 좋은 일을 할 수 없다.

나는 그렇게 생각한다.

독재가 아니면 빠른 경영은 할 수 없다

일용 잡화 업계는 전국 시대를 맞고 있다.

도매와 소매의 거대화에 따라, 각 상품 분야에서 시장점유율 1위를 달성하지 않으면 살아남지 못한다. 경쟁 상대는 P&G와 존슨

앤존슨, 가오 같은 거대 기업이다. 특히나 세제나 유연제처럼 시장 규모가 큰 분야에서는 회사의 스케일이 곧 상품을 말한다. 사원 수 500명, 매상 500억 엔 정도의 에스테로는 승부할 수 없다.

목표는 글로벌 니치 넘버원이 되는 것이다. 방충제, 제습제, 공기청정제 등 틈새시장에서 일등을 확보한다. 그것도 세계 일등이 아니면 안 된다.

니치(Niche)란 '벽의 틈새'라는 의미다. 틈새를 발견하거나 틈새를 만들면 거기에 재빨리 상품을 투입한다. 아니면 획기적인 상품을 투입해 성숙한 니치 시장을 바꾸는 것도 좋다. 싸우는 방법은 여러 가지가 있다.

시장이 커져서 더 이상 니치가 아닌 경우도 있다. 그 순간, 거대 기업이 진입한다. 그럴 때는 곧바로 물러날 필요가 있다. 방심할 틈이 없는 세계이기 때문이다.

여기서 에스테의 강점이 탄생한다.

우리의 최대 강점은 '작다'는 것이다. 작기 때문에 기동성이 있다. 앞질러 움직일 수 있다.

다만 조건이 있다. 첫 번째는 의사결정이 복잡하지 않을 것. 그러므로 나는 조직은 심플한 것이 최고라고 생각하는 주의다. 두 번째는 민주주의 회사가 아닐 것. 합의만 하다가는 제때에 맞출

수 없다. 사장의 호령 하나에 일사분란하게 움직이는 조직이 아니
면 순식간에 경쟁사나 시장에서 지고 만다.

혁명은 사장만이 일으킬 수 있다

넘버원이 되기 위해서 꼭 필요한 것이 아이디어다.

아이디어 하나로 시장을 만들고 바꾼다. 엄청난 발명일 필요는
없다. 「소취포트」도 멋진 혁신이다. 액상이었던 소취제를 컬러풀
한 젤리 상태로 만든다. 기능성을 중시하던 시장에 디자인을 내세
운 패키지로 승부한다.

이 상품의 개발 콘셉트는 '세상에 없는 것'이었다. 그 아이디어
가 고객들의 감성을 흔들면 상품은 팔린다. 아이디어는 언제나 그
주변에서 굴러다니고 있다고 생각한다.

문제는 이제부터다.

아이디어만으로는 혁신을 일으킬 수 없다. 그곳에는 반드시 권
력이 있어야만 한다. 스티브 잡스를 보면 알 수 있다. 똑같은 아
이디어와 기술을 다른 회사도 가지고 있었다. 그러나 그것을 제일
먼저 형태로 만들었던 것이 애플이다.

왜?

잡스가 전형적인 독재자였기 때문이다.

혁신이란 '세상에 없는 것'이다. 비교 대상이 없으니 팔릴지 안 팔릴지 아무도 모른다. 마케팅도 도움이 되지 않는다. '세상에 없는 것'을 살지 말지, 누가 대답해줄 수 있나. 잡스도 시장 조사 같은 건 하지 않았으리라 생각한다. 상품화하지 않으면 아무것도 알 수 없다.

이것은 도박이다. 사원이 혁명적인 말을 하면 위에서 누르기 마련이다. 결국 바보 같은 일을 할 수 있는 것은 사장밖에 없다. 사장이 그 아이디어를 밀고 나가기로 결단해야 상품화할 수 있다. 혁명은 사장만이 할 수 있는 것이다.

그러므로 나는, 사장이란 '치프 이노베이터(Chief Innovator)'*라고 생각한다.

* 최고의 혁신자

독재에도 팀워크는 필요하다

사장은 고독하지 않나?

자주 듣는 질문이다. 그러나 나는 고독하다고 생각하지 않는다.

물론 사장 취임 직후에는 그런 시기도 있었지만 한때의 비바람이 지나가면 그렇지도 않다. 사장이 혼자 결단하는 것을 '고독한 결단'이라고 하는데 그런 경우는 본래 그리 많지 않다. 내가 '이렇게 하고 싶다.'고 생각해도 사원의 반론을 듣기도 하고, 인과관계를 파악해야 조직이 움직인다. 독재라고 해도 억지로 주장을 관철해선 결과는 나오지 않는다. 그러므로 나는 사원과 커뮤니케이션을 하면서 내 페이스로 끌어들인다. 독재라기보다는 중의(衆意)독재라고 하는 편이 나을지 모르겠다.

「고메토방(米唐番)」 때의 얘기를 해보자.

'옷의 방충이 있으니까 다음에는 쌀 방충이다.'라고 생각하고 2003년에 발매한 상품이다. 덕분에 틈새시장의 개척에 성공해 시장점유율이 70%에 다다른 상품이 되었다.

"이봐, 여기 모여 봐."

어느 날 아침, 나는 선전, 홍보, 마케팅, 연구개발, 제조 부분의 50~60명을 한 자리에 모았다. 그리고 이렇게 말을 꺼냈다.

"기막힌 생각을 했어."

"제발 부탁이니까 기막힌 생각은 하지 마세요."

모두가 일제히 비난했다.

"이 멍청이들아. 나는 사장 겸 치프 이노베이터야. 거스르면 다 해고야."

그랬더니 다양한 말이 날아든다.

"노동법이 있어서 해고는 안 됩니다."

"사장님, 그렇게 딱딱하게 굴지 마세요."

나는 웃으면서 광고용으로 만든 노래를 흥얼거렸다.

"쌀이 맛있어요. 고메토방♪ 벌레가 없어요. 고메토방♪"

모두가 어처구니없다는 표정을 짓고 있다. 그 자리에서 한 마디 덧붙였다.

"어때? 이게 신제품의 콘셉트야. 양복만 방충하는 것으로는 아깝잖아. 그것 말고도 방충할 게 없을까 생각했더니 전쟁 때 피난 갔던 시절이 생각났어. 그때는 일 년에 몇 번밖에 흰 쌀밥을 못 먹었어. 그러니까 쌀이 생기면 난리가 났지. 쌀을 햇볕에 말리고 핀셋으로 쌀벌레를 잡아. 이런 일이 엄청나게 많았어. 그거야 그거. 그거를 해보자고."

"요즘 쌀벌레를 본 적이 없는데요."

“그럼 쌀벌레를 만들어.”

“말도 안 되는 소리 좀 그만하세요.”

“그래? 그래도 괜찮아. 이미 조사했어. 쌀벌레는 여전히 있어. 게다가 온난화가 진행되고 있잖아? 홋카이도도 따뜻해지고 있어. 쌀벌레의 천국이지.”

“어떻게 방충하는데요?”

“할머니한테 물어봐. 옛날부터 쌀독에 고추를 넣어뒀다고. 세계에서 제일 매운 고추가 뭔지 연구해.”

“그러면 고추를 넣으면 되는 거 아닙니까?”

“이런 멍청이! 아까 노래했잖아. ‘쌀이 맛있어.’ 라고. 쌀이 맛있어져야지.”

“어떻게요?”

“그러니까 할머니한테 물어. 술을 넣으면 돼. 술을.”

이런 대화가 오가는 중에 사원들도 나름 의욕이 생긴다. 그리고 마지막으로 이렇게 마감한다.

“잘 들어. 고추와 알코올을 천연 젤리에 섞어. 다 사용하면 고추 모양이 되는 거야. 그런 물건을 만들어봐. 발매는 1년 후 봄이야!”

그 후에도 사원들의 말을 수없이 듣는다. 반대 의견도 환영이다. 대체로 듣는 척에서 끝나지만 그 중에는 "과연!"이라는 말이 나오는 의견도 있다. 그럴 때는 물론 그 아이디어를 채용하고 궤도를 수정한다. 이렇게 진행하면 독재라고 해도 고독하지는 않다. 독재에도 팀워크는 반드시 필요한 법이다.

폭주를 멈추는 브레이크가 필요하다

하지만 그러다가 어느덧 두려워진다.

일단 사장으로서 성과가 나오기 시작하면 사장의 권력 기반이 지나치게 강해진다. 회사 내부의 저항세력이 적어지고 무슨 일을 해도 '찬성, 찬성' 소리를 듣게 되는 것이다. 사장이 경영하기는 쉬워지지만 뭔가 부족한 것 같다. 어떤 사안이 정말로 회사에 이로운 것인지 아닌지 알 수 없게 된다. 역시, 인간은 비판이 없으면 방향 감각에 자신이 없어지는 것이다.

'이런 상태라면 위험하다.' 그렇게 생각한 나는 2004년 6월 회사에 위원회를 설치하는 것과 동시에 사외 이사 제도를 도입했다. 임원 후보자를 심사하는 지명위원회, 임원의 보수를 체크하는 보수위원회, 임원의 업무와 회계를 감독하는 감사위원회를 설치했고, 이 모든 위원회에는 사외 이사가 과반수를 차지하도록 했다. 사장이 폭주할 수 있을 정도의 권력을 가지면서도 그 폭주를 막는 장치도 만든 것이다.

깐깐할 것 같은 사람에게 사외 이사를 부탁했더니 이런저런 비판을 해줬다.

"나도 3개월 감봉할 테니까 너도 감봉이야."

나는 이렇게 일방적으로 임원의 보수를 결정한 적이 있었다. 그것을 안 사외 이사는 다음과 같이 내게 충고했다.

"스즈키 씨는 다른 경영자에 비해 너무 엄격합니다."

임원으로 승진시킬까 생각하고 있는 사원을 지명위원회에 회부하기 전에 그 사실을 알리지 않고 사외 이사와 식사를 하게 한 적도 있다.

"그는 어떻습니까?"

"활기가 있습니다."

이런 지나가는 말 한 마디가 큰 참고가 되었다. 덕분에 독단으로 이루어지는 인사를 피할 수 있게 되었다.

사외 이사의 목소리를 들음으로써 독재에도 일정한 제약이 생긴다. 시시콜콜 얘기해주는 사람이 있으니까 안심하고 폭주할 수 있는 것이다.

그래서 나는 사외 이사에게 이런 희망사항을 얘기한다.

"사장이 영 아니다 싶으면 언제든 타월을 던져요."

두려워하게 하라.
존경받는 것은 그 다음이다

사장은 **얕잡아** 보이는 **순간** 끝이다

"큰일이다, 큰일이야."

잘 아는 사장이 경영이 잘되지 않는다고 자꾸 한탄만 하고 있었다. 그에게 물었다.

"회사에서 어떤 일을 하고 있어?"

그러자 매일 밤, 사원들과 어울려 술을 마시고 어깨동무를 한 채 군가를 부르며 "힘내자!"고 외치며 사기를 올린다고 한다.

그래선 안 된다고 말했다.

"어젯밤 어깨동무를 하고 힘내자던 상대에게 다음 날, '마음이 바뀌었다. 너는 필요 없다.'고 할 수 있겠어? 그렇게 했다가는 곧 회사는 망하지."

사원에게 얕잡아 보이는 순간 사장은 끝이다. 특히 밑바닥부터 시작해서 사장이 된 사람은 사원들과 술을 마셔서는 안 된다. 권력 기반이 약하기 때문에 금방 무시당하게 된다.

대체로 요즘 사장들은 인간관계에 지나치게 신경을 쓴다. 사원들에게도 매우 좋은 표정을 지으려고 한다. 술까지 사주며 용기를 북돋다니, 손님이 아니라 자기 사원에게 아부를 하거나 비위를 맞출 필요가 있을까? 사원을 턱 하나로 부릴 수 있는 기개가 없으면 어떡하나. 결국 경영자 정신이 없는 거다.

경영자가 된다는 것은 각오가 필요하다. 조직을 끌고 가기 위해서는 '내가 리더'라는 사실을 제대로 보여주지 않으면 안 된다.

영국 해군에서는 병사들이 참호를 팔 때 장교는 절대 도와주지 않는다. 한편 육군 장교는 병사들과 함께 참호를 판다. 왜일까? 육군은 징병이고 해군은 지원병이기 때문이다. 스스로 지원했기 때문에 명령받은 일을 하는 것은 당연하다. 마음에 안 맞으면 그만두면 된다. 그 대신 장교는 비가 내려도 코트도 입지 않고 계속 서 있는다. 전체를 보면서 큰 지시를 내린다.

사원은 지원해서 이 회사에서 일하는 것이니까 사장에게 배우는 게 맞다. 사원과 사장이 하나가 되어 "힘내자!"고 말할 입장이 아니다.

마키아벨리는 이렇게 질문한다.

"군주로서 사랑받는 것과 두려움을 받는 것 중 어떤 것을 택할 것인가.”

물론 가능하다면 두 가지를 다 가지고 싶다. 그러나 사랑받으려고 하면 부하에게 무시당하고, 두려움을 얻으려고 하면 부하에게 사랑받지 못한다. 두 가지를 다 갖는다는 것은 대단한 능력이 아닐 수 없다. 마키아벨리의 대답은 이렇다.

“나는 사랑받기보다 두려워하는 편이 군주로서 안전한 선택이라고 이야기하고 싶다. 왜냐면 인간에게는 두려워하는 사람보다 사랑하는 사람을 더 가차 없이 상처 입히는 경향이 있기 때문이다.”

그렇긴 하다. 하지만 사장이 동경의 대상인 조직이 훨씬 강하다. 그러므로 내 대답은 이렇다. 우선 두려워하게 하라. 동경을 받는 것은, 그 다음이다.

먼 이는 가까이 하되, 가까운 이는 멀리하라

원교근공(遠交近攻).

이것이 내 기본방침이다. 병법 36계 중 하나이며 먼 나라와 친하게 지내고 가까운 나라를 친다는 말이다. ‘친다’는 단어에는 어폐가 있지만 나는 이것을 측근에 있는 임원과는 거리를 두고 일반 사원과는 친하게 지내라는 의미로 사용하고 있다.

이럴 수밖에 없는 측면도 있다. 무엇보다 내가 사장이 되었을 때 임원회에서 맹렬한 반대가 있었다. 한편 일반사원 대다수와는 회사의 위기감을 공유하고 있었다. 따라서 '원교근공' 이외에는 길이 없었는데 결과적으로 이것이 옳았다.

내가 임원과 개인적으로 술을 마시는 일은 결코 없다. 내게 기어오르면 누르는 게 전부일 뿐이다. 임원에게 정이 생기면 평가의 눈이 흐려져서 올바르지 않은 길을 걷게 된다고 생각한다. 그러므로 처음부터 개인적인 만남은 하지 않는다. 그리고 일은 무섭게 한다.

그냥 놔두면 임원은 사원들의 판단을 한도 끝도 없이 위로 올린다. 독재적인 사장이면 더욱 그렇다. 물론 경영의 근간과 관련한 결단은 사장만 할 수 있지만 그 이외의 것까지 일일이 결정하다보면 펑크가 나고 만다. 임원들도 책임질 일을 각오하지 않는다. 따라서 내버려둔다. "이건 네 일이야. 네 책임으로 판단해." 그 결과를 평가하는 것이 사장이다.

권력의 근원은 인사권이다.

나는 일반사원에 대해서는 성과주의를 기본으로 인사를 한다.

그리고 임원에 대해서는 엘리베이터 인사를 한다. 발탁도 하지만 성과가 없으면 강판도 한다. 다시 발탁하는 경우도 있기 때문에 엘리베이터 인사라고 칭해진다. 사장의 권한으로 가차 없이 상벌을 명확하게 한다. 등을 돌리려고 해도 등을 돌릴 수 없는 태도를 만드는 것이다. 사장은 임원의 미움을 받는 정도가 딱 좋다.

임원 한 명을 중용하는 것도 피한다. 반드시 여러 임원에게 권한을 나눈다. 만약 한 임원에게 권한을 집중하려면 그 임원이 사장을 하면 된다. 즉 체제를 전환할 권한을 일부러 주는 것이나 마찬가지다.

이렇게 임원들이 사장을 두려워하면 조직은 자연스럽게 정리된다. 대신 일반사원들과는 친하게 지내면 된다. 신입사원들은 늘 내게 놀란다.

"사장님은 훨씬 더 무서운 사람이라고 생각했어요. 하지만 우리 사장님은 늘 회사 안을 어슬렁거리며 다니고 편안하게 얘기할 수 있어서 놀랐습니다."

나는 사장실에 처박혀 있는 성격이 아니다. 의자에 앉아 있는 게 제일 힘들다. 앉아 있으면 아무래도 머리가 돌지 않는다. 일본생명보험에 입사했을 때도, 기어이 자리에서 일어나 돌아다녔다. "뭘 하고 있는 거냐?"라는 소리를 들으면 "아니, 잠깐 산책 중입니다."라고 했다가 야단을 맞았다.

게다가 나는 젊은 사원들과 얘기하는 게 즐겁다. 한심한 농담을 해도 서로 웃어주면 직장 분위기도 밝아진다. 나는 새로운 것을 좋아해서 금방 사는 편이다. 예를 들면 아이팟(iPod)이 발매되었을 때도 제일 먼저 구입했다. 그러나 어디를 눌러도 아이팟은 작동되지 않았다.

"사장님, 충전을 안 하시면 아이팟은 동작하지 않아요."

주변에서 사원들이 폭소를 터뜨렸다. 이런 분위기, 좀 괜찮지 않나?

게다가 사원들은 정보와 아이디어의 보고다. 무엇보다 현장에 가장 정통한 사람이 그들이기 때문이다. 그래서 사원들과 점심을 함께 하며 이야기를 경청한다. 이것이 올바른 경영을 하는데 큰 참고가 된다. 상사들은 부하가 사장에게 무슨 말을 할지 모르기 때문에 부하에게 이상한 일은 하지 못한다. 일거양득(一擧兩得)이다.

증오의 대상이 되지는 말아라

다만, 마키아벨리는 이렇게 경고한다.

"이를테면 사랑받는 군주의 자리는 버릴 수밖에 없다고 하더라도 원한이나 증오만은 피해야 한다. 그래서 군주를 두려워하도록 노력해야 한다."

틀림없이 증오는 복수를 낳는다. 그리고 복수심은 조직을 무너뜨린다.

그렇다면 어떻게 하면 될까? 마키아벨리의 대답은 이렇다.

"가신의 소유물에 손을 대는 무법행위는 해선 안 된다."

회사에 있어서 '소유물'은 무엇인가? 지위이다. 따라서 인사에 신경을 써야 한다.

나 역시도 일본생명보험에서 샐러리맨으로 일할 때 아주 작은 차별에도 마음이 쓰였다. 이 차별을 납득하지 못하면 사람의 마음에는 쉽게 증오가 생긴다.

그러므로 나는 인사팀을 주위에 두지 않는다.

첫 번째 이유는 내가 회사의 '얼굴'이자 '치프 이노베이터'이기 때문이다. 회사의 얼굴을 만드는 선전부와 홍보부, 그리고 상품개발을 담당하는 개발부를 옆에 두고 있다.

또 다른 이유는 일반사원의 인사에는 절대 손대지 않겠다는 태도를 드러내고자 하기 때문이다. 일반사원의 인사는 규정을 따라야 하고, 인사부의 책임으로 이루어진다. 사장의 일은 그 규정이 제대로 적용되고 있는지, 혹은 규정이 적절하게 운영되고 있는지를 확인하는 것이다.

물론 임원 인사는 내가 직접 한다. 이 권한은 사장이 움켜쥐지 않으면 권력이 흔들린다. 그러나 나도 실수할 수 있는 인간이기에 신처럼 공정할 수 없다. 따라서 위원회에 의탁해 공정함을 담보하고 있다. 어쨌든 인사를 어떻게 취급하느냐에 따라 사장의 운명이 결정된다고 해도 과언이 아니다.

사장은 사장만이 할 수 있는 큰일을 해라.

나는 늘 이렇게 큰소리로 땅땅거리고 있지만 사실은 그보다 더 작은 것들을 지키고 유지하는 것이 중요하다고 생각한다. 때문에 실제로는 보이지 않는 곳에서 엄청나게 땀을 흘린다.

부하가 즐겁게 일하고 있는가? 싸움은 없는가? 이상한 분위기가 흐르지 않나? 그런 것들에 신경을 쓴다.

만약 잘되지 않으면 '이 녀석과 저 녀석은 궁합이 잘 안 맞으니까 조금 떨어뜨려 놓아야겠다.'며 그들 모르게 손을 쓴다. 그런 배려가 없으면 조직은 원활하게 굴러가지 않는다.

'보이지 않는 곳'에서 걸레질을 한다.

사장의 진정한 역량은 여기서 시작되는 게 아닐까.

사장은
항상 최악을 생각하라

대책 없이 허풍을 떠는 것은 무책임하다

나는 주의가 깊다.

나쁘게 얘기하면 겁쟁이다. 항상 최악의 사태를 생각한다. 겉으로는 큰소리를 치지만 속으로는 선천적으로 어두운 성격 탓에 이리저리 생각한다.

이를테면 지진 같은 것이다. 나는 옛날부터 '직하형지진*이 일어나면 어쩌지?'를 줄곧 생각했다. 그래서 2011년 동일본대지진을 겪고나서 바로 사옥의 재건축을 결정했다. 콘셉트는 세계에서 가장 튼튼한 빌딩이었다.

본사 사옥 앞에는 간다가와(神田川) 강이 흐르고 있다. 따라서 홍수가 일어나도 일에 지장이 없도록 1층에는 회의실과 응접실만

* 육지에 진원을 두고 발생하는 지진

배치했다. 그리고 홍수로 흘러 들어온 물이 쫙 빠지는 구조로 재건축했다.

물론 식료품도 비축하고 있다. 일주일은 족히 견딜 것이다. 다만 편안하게 수량을 체크할 수 없는 게 문제다. 왜냐면 비축창고가 여자탈의실 옆에 있어서 괜히 어슬렁거릴 수 없기 때문이다.

모든 건물에 자가발전장치도 배치하고 있고 데이터는 세 군데에서 보존하고 있다. 만에 하나 도쿄 사옥에 문제가 발생하면 통신을 통해 오사카 사옥의 서버로 데이터가 옮겨진다는 설정이다.

네 개의 공장도 후쿠시마, 사이타마, 후쿠오카 세 지역에 분산되어 있다. "물류 효율이 떨어집니다."라는 의견도 있었다. 하지만 확고한 효율주의자가 되어야지 눈앞의 효율만 따지는 바보가 되선 안 된다.

평상시의 효율성만을 생각해 공장을 한 군데에 집약시키면 만에 하나 좋지 않은 일이 일어나면 전멸한다. 그런 위험성을 충분히 고려한 후에 최고의 효율을 도모하는 것이 지혜로운 일이다. 일본 전 지역이 피해를 입는 지진은 없을 테니까 현재의 체제를 취하고 있다. 물론 구입처도 철저히 분산시켰다. 동일본대지진 때에도 공급 라인의 붕괴가 문제가 되었는데 이 역시 평상시에 대비해 둘 필요가 있다.

모든 것은 위험성과 궤를 같이 하고 있다. 그에 대비해 일하지 않는다면 사장으로서 무책임하다는 비난을 받는 게 당연하다. 준비도 안 하고 허풍을 치면 진짜 바보가 되고 만다.

이득보다 손해를 생각하라

신제품 개발은 언제나 도박이다.

특히 최근에는 소매의 집중화가 이루어지고 있어서 도박성 확률이 높아졌다. 거대 도매업자가 명령 한 번으로 신제품을 모든 상점에 일거에 배달하기 때문에 처음 출하할 때 최소 수량이 100만 개는 필요하다.

우리가 출시하는 제품이 진열되는 상점은 대체로 20만 곳으로 주요 거점만 5만 여 곳이다. 5만 여 곳에 상품을 10개씩 넣으려면 50만 개가 필요하다. 도매 유통센터와 회사 물류센터에도 재고를 두지 않으면 안 된다. 아무리 따져도 제품이 100만 개는 필요하다.

게다가 많이 팔려고 하면 상점에 되도록 상품을 많이 진열해야 한다. 일용 잡화라는 것은 물건을 산처럼 쌓아놓지 않으면 고객들이 구매의욕을 느끼지 못한다. 공간이 두 배로 늘면 물건은 세 배가 팔리는 데 이런 장소를 잡으려면 출하수가 늘어날 수밖에 없다.

잘만 되면 엄청나다. 하지만 어마어마한 리스크이기도 하다.

신제품 100만 개를 출하해 실패하면 바로 반품이 되어 전부 악성 재고로 남는다. 대체로 85%의 손해다. '이 신제품은 재미있다!'고 생각해도 이런 무시무시한 도박을 하는 것은 누구라도 판단하기 불가능하다. 그래서 반드시 판단을 위로, 위로 올리다보면 결국 내게 온다.

할 수 있는 마케팅을 다 해서 만들어낸 자료를 보여주면서 '예상 매상'과 '기대 이익률' 등을 설명한다. 하지만 나도 수없이 경험했기 때문에 잘 안다. 팔릴지 안 팔릴지는 시장에 내놓지 않으면 모른다. '세상에 없는 것'이면 더욱 더 모른다. 아무리 마케팅을 해도 아무도 미래를 가르쳐주지 않기 때문이다.

그래서 나는 이렇게 묻는다.

"잘 안 되면 얼마나 손해를 입나?"

최악의 사태를 생각하는 것이 판단의 첫 걸음이기 때문이다.

"그거, 광고비는 들어 있나?"

"인건비는 어떻지?"

이렇게 담당자가 제시한 손실 예측을 철저하게 확인한다. 실패했을 때의 회복 방법에 대해서도 검토한다. 이렇게 모든 측면에서 리스크를 치밀하게 산출한다. 이야기는 그때부터다.

목숨을 건 도박은 하지 않는다

신제품은 실패하는 것이 일반적이다.

물론 실패의 확률을 낮추는 것도 수완이지만 그래서는 일이 너무 위축되고 만다. 사원의 머리도 굳는다. 적당히 긴장된 상태로 승부에 나서야 뇌가 활성화되고 승부 감각도 연마된다.

다만 회사의 기반이 흔들릴 만한 도박은 하지 않는다. 종종 "이 제품에 목숨을 걸었습니다."라고 말하는 사장이 있는데 목숨을 건 도박은 대부분 지게 되어 있다.

물론 때론 그렇게 해야만 하는 때도 있다. 나 역시 「소취포트」 때는 반쯤 그런 심정이었다. 하지만 목숨을 걸면 냉정한 판단이 불가능해진다. '패배'를 돌이키려고 '엄청난 패배'를 가져오는 실수를 저지른다. 경우에 따라서는 정말 생명까지 빼앗긴다.

도박에서 중요한 것은 평상심이다. 말간 얼굴로 대담하게 승부한다. 따라서 지면 아프겠지만 목숨까지는 걸지 않겠다는 마음의 여유가 필요하다.

나는 대차대조표를 중시하는 경영을 하고 있다.

회사에게 최악의 사태는 회사가 망하는 것이다. 그것을 피하는 게 가장 중요하다고 생각한다. 어지간한 실패로는 흔들리지 않는 재무 기반을 구축해야 한다. 만전의 대책을 세우는 것이야말로 대담한 도박을 할 수 있는 기본 전제이다.

그러기 위해서는 먼저 빚이 없어야 한다. 앞으로는 어떻게 될지 모르겠지만 이제까지 나는 빚 없이 에스테를 경영해왔다. 우리 같은 제조업체는 날마다 돈이 들어오기 때문에 망하기가 쉽지 않다. 돈이 도는 한 회사는 망하지 않는다. 다만 은행이 "더 이상 빌려줄 수 없다."고 하면 그 순간 엉망이 된다. 따라서 절대 안정권에 있고 싶다면 대출을 없애야 한다. 그러면 무서울 게 하나도 없다.

다음으로 재고를 최소로 줄인다. 재고라는 것은 대체로 사기다. 불량재고는 자산으로 계산되지만 실태는 적자가 고정되는 것이다. 대차대조표도 손익계산서도 좋아보이지만 어떤 계기로 손해를 보는 경우에는 경영실태가 일목요연하게 드러난다. 은행은 일제히 발을 뺀다. 그렇게 망한 회사가 수도 없다. 따라서 자산은 최대한 압축한다. 이것이 기본이다.

더 중요한 것은 현금이다. 적자 때문에 회사가 망하진 않는다. 회사는 현금이 없어서 망하는 것이다. 그래서 현금을 가지고 있는 게 가장 강하다. '돈이 곧 왕'이란 소리다. 그 지표가 되는 자기 자본비율은 약 65%이다. 덕분에 에스테의 재무 내용은 매우 건전하다.

최악에 대비하기에 웃을 수 있다

나는 상당히 무모한 짓을 하고 있는 것처럼 보이지만 실제로는 세심한 주의를 기울이며 회사를 운영하고 있다. 무모한 일은 하지 않는다. 나는 의외로 소심한 사람이다. 경영을 잘 하는 사장을 보면 대부분 나와 비슷한 성향이다. 뒤를 생각하지 않고 도박하듯 경영하면 회사는 금방 망해버린다.

그렇다고 매일 돌다리를 두드리는 게 사장의 일은 아니다. 튼튼한 돌다리를 만들어 사원들이 마음 놓고 일할 수 있게 하는 것이 사장 업무의 핵심이다. 따라서 리스크를 면밀하게 파악하고 그 다음에 허용할 수 있는 범위 안에서 각오를 단단히 하고 승부에 나선다.

여기서 실패하면 손익계산서 지표가 나빠진다. 하지만 어디까지나 손익계산서는 연간 결산이다. 극단적으로 말하자면 매년 이익이 오르느냐 떨어지느냐는 그리 중요한 문제가 아니다.

중요한 것은 대차대조표다. 이제까지 축적된 대차대조표가 건전하기만 하면 회사가 망할 염려는 없다. 그리고 회사만 넘어지지 않고 있으면 언제든지 만회의 기회가 찾아온다.

실패했다고 일일이 사원을 비난해선 안 된다. 너무 한심한 짓을 하면 호통을 치는 경우는 있지만 사장이 얼굴을 찡그리고 구시렁거리면 모두가 싫어한다. 사원들의 사기가 떨어지면 아이디어도 나오지 않는다.

"농담이야. 우리 모두 재미있게 일하자."

사장은 그렇게 말하고 낄낄 웃어주는 게 좋다. 그를 위해서는 항상 '최악의 사태'를 생각한다. 그리고 만전의 대책을 기한다.

Part 3

사장은 **인간**을 **잘** 알아야 한다

사장은 상식을 뒤집어라

아이디어 하나로 시장을 뒤집다

나는 덩치가 작다.

전쟁 때문에 제대로 자랄 수 있을 정도로 마음껏 먹지 못했다. '나는 왜 이리 운이 나쁜가' 하고 한탄한 적도 있지만 모든 면에는 좋은 점과 나쁜 점이 있다. 어려서부터 덩치가 큰 녀석과 어떻게 싸워야 하는지를 충분히 배웠다. 이것이 회사를 경영하는 일에도 활용되고 있다.

스모 경기에서도 덩치가 작은 사람이 큰 사람을 확 뒤집어버릴 때 짜릿하고 가슴이 뛰는 것처럼 경영도 마찬가지다. 근육질 몸을 만들고 머리를 제대로 쓰면 천하장사를 뒤집어 버릴 수도 있다. 2000년에 발매한 「탈취탄(脫臭炭)」은 그 성공사례이다.

지금은 냉장고 탈취제라는 틈새시장에서 시장점유율이 70%가 넘는 상품으로 자리 잡고 있다.

시작은 '연상 게임'이었다.

"앞으로의 방향……. 소취 다음에는 탈취인가."

나는 늘 연상법으로 생각한다. '방향'과 '소취'로 고객들의 신뢰를 얻었다면 '탈취'에서도 신뢰를 얻기 쉽다. 이미지를 살리는 것이다. 사원들도 익숙한 것에서 아이디어가 잘 나온다. '뭐가 없을까?' 하고 생각하고 있었는데 어느 날 갑자기 아이디어가 번뜩였다.

냉장고다.

당시 냉장고 탈취제 시장은 미국 자본인 기무코와 논스멜이 대부분을 차지하고 있었다. 틈새시장이긴 했지만 완전히 성숙한 시장이었다.

'성숙시장'이라는 것은 재미있다.

왜냐면 '착각'이 있기 때문이다. 당시의 탈취제는 일본과 유럽은 야자나무 껍질 활성탄, 미국은 탄산수소나트륨을 사용하는 것이 상식이었다. 게다가 과점시장이라 다들 느긋했다. 아이디어 하나로 뒤집을 수 있는 가능성이 충분히 있었다.

'들어보면 알아요, 보면 알아요, 써보면 알아요.'

이것이 내 개발 정책이다.

제품명, 패키지, 광고 CF……. 어떻게 하면 가게를 찾은 손님에게 상품이 한눈에 확 다가올지를 생각하고 또 생각했다. 판매자 주도가 아니라 사용자 주도로, 철저하게 고객의 시선에서 상품 이미지를 만든다.

「탈취탄」의 최대 핵심은 '효과를 한눈에 알 수 있다.'는 점이다.

나는 개발담당자에게 물었다.

"가장 탈취 효과가 좋은 게 뭐지?"

"숯입니다."

"그래? 그럼 비장탄(備長炭)*을 분말로 만든 다음 젤리 상태로 만들어봐. 냉장고에 넣으면 조금씩 수축이 되면서 다 쓰면 비장탄이 되는 거지. 바닥에 떨어뜨리면 툭 하고 소리가 나는 비장탄 그 자체인 것 같은 제품을 만들어 봐. 이름은 탈취탄이야."

"그런, 말도 안 되는……."

---

* 참나무와 졸나무 묘목견으로 만든 숯으로 불순물이 완전히 제거되어 탄소 함유량이 높다.

"괜찮으니까 일단 개발해봐. 일 년 후에는 상품화할 수 있도록 추진해."

담당자는 어이없어 했지만 일단 부추겼다.

왜냐면 여기에 이노베이션이 있다고 예상했기 때문이다. 일본이나 유럽 모두 냉장고 탈취제로 야자나무 껍질 활성탄을 사용한다. 활성탄은 아무리 사용해도 금방 줄지 않는다. 그래서 상품에 종이를 붙여 사용하기 시작한 날을 기록했다가 사용기한이 다 되면 교체하는 귀찮은 일을 해야만 한다. 미국에서는 탄산수소나트륨을 사용하는데 냉장고를 바꿀 때까지 교체하지 않는다.

하지만 탈취탄은 효과를 한눈에 볼 수 있다. 소비자들은 냉장고를 연다. '어라? 줄었다 줄었어. 결국에는 돌처럼 굳는구나. 재미있네.' 이렇게 하며 새로 사야겠다고 생각한다.

제조기업이 아닌 감동 창조기업이 되어라

이 참신한 울림 자체가 중요하다.

고객은 상품이 좋다고 해도 그것만 보고 사지는 않는다. 뭔가 정신적인 만족을 요구한다. 그것이야말로 상품의 가치다. '들으면 중요한 것은 얼마나 고객의 시선에 설 수 있는가이다.

"일본의 제조업은 위기다."라는 말을 자주 듣는데 나는 애당초 '제조업'이라는 말이 틀렸다고 생각한다.

오래 전 에스테에서도 '현장'에 간다는 말은 '공장'에 간다는 의미였다. 제조가 곧 일이라는 생각이 뿌리 깊게 박혀 있었던 것이다.

그러나 현장은 '고객'이자 '세상'이다. 그곳에 모든 '답'이 있다. 따라서 나는 줄곧 전차를 타고 다닌다. 지하철 광고를 보거나, 차량 안에서 들리는 대화로 시대의 분위기를 느낀다. 얼마 전 회사의 감사법인에서 "전차를 타지 말라."는 얘기를 들었다. "어슬렁거리고 다니다가 사장에게 무슨 일이 생기면 경영에 지장이 있다."는 이유였다.

어떤 날은 미용실에서 머리를 잘라주는 여성에게 질문하기도 한다.

"지금 뭐가 유행해요? 귀여운 거 없어요?"

차례를 기다리는 동안에는 여성잡지를 전부 훑어본다. 에스테 고객의 집으로 가서 '상품을 어떻게 사용하는지'나 '원하는 기능이 있는지'에 대해 묻는다.

머리는 숙이기 위해 있다. 부족한 머리를 이리저리 굴릴 시간이 있다면 차라리 고개 숙여 가르쳐달라고 한다. 머리를 숙이면 그제야 고객의 시선에 서게 된다. 그리고 고객이 만족하는 방법이 보인다.

나는 항상 사원에게 이렇게 말한다.

"에스테는 제조기업이 아니야. 감동 창조기업이야."

물건이 아니라 감동을 만든다. 그것이 바로 에스테다.

상식을 뒤집는 자가 승리한다

몇 개월 뒤, 빅뉴스가 시장을 휩쓸었다.

국내 경쟁사가 탈취제 분야 시장점유율 1위인 미국 기업을 매수한다고 발표한 것이다.

"서둘러!"

나는 회사 전체에 명령을 내렸다.

경쟁사는 판매 공세를 펼칠 게 틀림없다. 경쟁사가 판매의 흐름을 바꾸기 전에 「탈취탄」을 시장에 내놓지 않으면 위험하다. 상품화의 목표는 서 있었지만 아직 품질 검사가 남아 있다. 여기에서 시간이 걸린다.

"이렇게 시커먼 제품은 냉장고에 어울리지 않는다."

반대 의견이 있었지만 나는 전혀 문제 삼지 않았다. '세상에 없는 것이기 때문에 반대하는 것이다. 반대를 하기에 오히려 가치가 있다.'고 생각했다.

「소취포트」 때와 마찬가지로 내가 직접 영업에 나섰다. 처음에는 어떻게든 상점에 진열하게 하는 것만도 어려웠다. 내놓아도 조용했다. 하지만 조금씩 조금씩 팔리기 시작했다. 이 상품은 사용한 소비자의 호응이 높았다. 재구매하는 사람이 나오기 시작하자 이후부터 「탈취탄」이 눈덩이처럼 팔려 나갔다. "이 상품은 절대 팔리지 않는다."고 단언했던 소매점에서도 물건을 달라고 재촉하는 성화가 빗발쳤다.

팔리기 시작하면 매스컴이 제품을 다루어 준다. 정신을 차려 보니 2000년 니케이우수제품·서비스상 최우수상을 비롯해 수많은 상을 받은 히트상품이 되어 있었다.

상식을 깬 제품은 강하다.

워크맨을 앞지른 아이팟을 보면 안다. 기존의 상식을 뒤집으면 세계를 바꿀 수 있다. 그와 같은 일이 탈취제라는 틈새시장에서 일어났다. 일 년 후 「탈취탄」은 시장점유율 50%를 돌파했고 현재는 70%까지 상승했다.

글로벌 수출도 가속화되었다. 월마트 약 3,800개 상점에도 제품이 놓였다. 엔고 같은 것과는 상관없다. '세상에 없는 것'을 만들면 세계도 뒤집을 수 있는 것이다.

다만 나는 지금의 상황을 그다지 환영하지 않는다.

독주는 위험하다. 자만심이 생긴다. 그리고 가치창조를 게을리하게 된다. 언제 뒤집힐지 모른다.

승리한 순간에 위기가 숨어든다.

사장은
영업의 프로가 되어라

사장의 영업력이 회사의 운명을 좌우한다

사장은 영업의 프로가 아니면 할 수 없다.

사장 자신, 그리고 회사를 회사 밖에서 인정받게 하기 위해서는 영업이 밑받침되어야 한다. 사장에게 영업력이 있느냐 없느냐에 따라 회사의 운명이 크게 좌우된다.

나는 영업의 프로다.

일본생명보험 시절, 회사를 설득해 법인영업 전문팀을 설립해 기업보험의 영업을 진두지휘했다. 당시 일본생명보험은 개인보험 분야에서는 세계 최고의 보험회사로 인정받고 있었지만 기업보험 분야는 개척하지 못하고 있었다. 광대한 프런티어를 꿈꾸고 있던 나는 그곳을 개척했던 것이다.

영업은 처음이었지만 과감한 전략을 취했다. '톱부터 공격한다.' 그렇게 생각한 나는 당시 일본 최대 종업원 수 약 8만 5천 명을 거느린 신일본제철(新日本製鐵)을 상대로 영업에 나섰다.

목표는 사장에게 보험을 판매하는 것이었다. 그때 나는 고작 마흔 살, 직책은 과장이었다. 어떻게 하면 정상에 오를 수 있을지 지혜를 짜냈다.

우선 응원단을 만드는 것부터 시작했다. 영업부와 자재부 등의 담당자와 친해진다. 그 후에 재무담당 과장에게 접근한다. 재무담당자는 누구나 한 번은 만나준다. 승부는 두 번, 세 번 만날 수 있느냐에 달려 있다. 그를 설득하기 위해 연구에 연구를 거듭했다. 기업보험은 형태가 없는 보험을 파는 것이기 때문에 더 어렵다. 게다가 계약금액이 고액이기 때문에 부담도 상당했다. 도중에 포기하는 동료도 있었다.

2~3년은 매상이 제로였지만 시행착오를 거듭하면서 부장, 임원으로 계단을 올라 드디어 사장까지 도착하는데 성공했다.

최고 기업인 신일본제철에서 보험 계약을 연이어 따내자 상황은 급변했다. 차례로 계약이 체결되는 것이었다. 정신을 차려보니 나는 연간 매상 1조엔 이상을 올리는 최고의 세일즈맨이 되어 있었다.

이때 영업의 진수를 뼛속 깊이 배웠다.

중요한 것은 준비다. 이걸로 승부의 대부분이 가려진다.

일본생명보험 시절에는 고객사를 방문하기 전에 철저하게 그 회사에 대해 연구했다. 10년 동안의 유가증권 보고서, 신문이나 잡지 등의 기사를 철저히 읽고 상대가 고민하고 있는 것을 조사한다. 그 회사 사원보다 회사를 더 자세히 알 정도가 아니면 통하지 않는다. 만나는 상대에 대해서도 학력, 경력, 가족, 취미 등을 모조리 조사한다. 그리고 만반의 준비를 갖춘 후에 만나러 간다.

영업은 말만 잘한다고 되는 건 아니다. 수많은 영업사원을 만나왔지만 청산유수처럼 얘기하는 영업사원치고 성공하는 걸 본 적이 없다. 최악은 어설프게 공부하는 녀석이다. '내가 너를 가르쳐주겠다.'고 떠들기 때문이다.

상대가 기분이 좋아지도록 얘기한다.

이것이 영업의 기본이다. 거기서 가장 중요한 것은 '질문하는 힘'이다. 여기에서 앞서 했던 꼼꼼한 준비가 빛을 발한다.

인간은 누구나 다른 사람에게 자기 얘기를 하고 싶어 한다. 좋은 질문이란 '상대가 하고 싶은 말'을 끌어내는 질문이다. 준비를 해가면 식은 죽 먹기다. 상대가 조금씩 마음을 열고 얘기해주면 생글생글 웃으면서 맞장구를 친다.

상품을 파는 것은 인간을 파는 것과 마찬가지다

그리고 첫 승부는 한 마디로 결정된다.

상대가 하고 싶은 말을 이쪽에서 하는 것이다. 이를테면 이런 적이 있었다. 사전 조사를 통해 상대가 검도 4단이란 것을 알았다. 면담 중 상대가 업계의 문제점에 대해 피력했을 때 기회를 놓치지 않고 이렇게 말했다.

"과연 검도 4단이시네요. 아주 날카로우세요!"

흐뭇한 표정을 짓는 걸 보면 나까지 즐거워진다.

그 후로는 환한 표정으로 이야기하며 놓아주지 않아서 오랜 시간 동안 대화를 나눴다. 상대방과 마음의 핫라인은 이렇게 생긴다. 여기까지 오면 다음은 내 페이스대로 흘러간다. 영업은 "오늘 날씨가 좋네요."처럼 뚱딴지같은 소리를 늘어놓아서는 될 리가 없다.

인간이란 기분 좋게 얘기하다 보면 어느 순간 상대에게 '마음의 빛'을 갖게 된다. 적기를 가늠하고 있다가 말 한 마디를 던진다.

"한 가지 알고 싶은 게 있는데…….."

바로 그 회사 경영에 관한 의문점을 질문하는 것이다.

"어떻게 그런 걸 알지?"

상대는 순간 놀란다. 하지만 곧 '마음의 빚'이 있기 때문에 "사실은 말이야…….." 하며 자세히 알려준다. 이것이 상대의 진정한 요구사항을 아는 실마리가 되는 것은 물론 '이 녀석, 꽤 유능한데!'라는 인상을 주기도 한다. 때로는 그 문제를 해결할 수 있는 아이디어를 제공한다. 이렇게 신뢰를 얻으면 두 번, 세 번 이상 만나주는 것은 물론 윗사람에게 "재미난 친구가 있다."며 소개까지 해준다. 회사 회의에 불려가 의견을 개진하는 경우도 있다.

'인간'을 파는 것이 '상품'을 파는 것과 연결되어 있다.

상대에게 관심을 가지면 자연스레 길이 열린다

영업은 집념이다.

하려고만 하면 뭐든 할 수 있다. 어떤 사장에게 접근할 때의 일이다.

매일 가마쿠라(鎌倉)에 있는 사장의 집까지 인사를 갔다. 덧문을 덜커덩 열고, 씩 웃으며 "안녕하십니까!" 하고 일주일 동안 계속 인사를 했다. 다행히 상대방도 기분이 썩 나빠하지만은 않았다. "자네는 누군가?" 하는 질문을 받으면 게임은 끝이다. "이런 회사의 이런 사람입니다."라고 얘기하는 사이에 "지금 차를 타고 나가려는데 같이 가지 않겠나?"라는 얘기를 듣게 된다. 이렇게 상대방의 품에 뛰어든다.

이런 일을 수없이 하다보면 절로 배짱이 생긴다.

인간은 자기보다 강한 사람과 대치하면서 단련된다. 무엇보다 상대에게는 아우라가 있어서 잘못하다간 기가 죽어버린다. 마음부터 지고 들어가지 않도록 최대한 준비하고 '나는 대단하다.' '나는 이긴다.'는 자기 암시를 건다. 그리고 전력으로 부딪힌다.

나는 회식 때 스테이크를 먹게 되면 웰던(Welldone) 따위는 주문하지 않는다. 항상 레어(Rare)를 먹는다. 그것도 2인분 정도를 주문하며 피를 뚝뚝 흘리면서 먹는다. 집에서도 어중간한 전등은 사용하지 않는다. 얼굴이 반짝반짝 빛나 보이는 전등으로 전부 바꾼다.

웃을지도 모르지만 의외로 이런 게 중요하다. 나는 원래 내성적인 성격이라 더하다. 언제나 마음속으로만 '질까보냐'라고 생각해왔는데 기업보험을 영업하면서 그런 마음을 겉으로도 드러내려고 노력했다. 나라는 인간을 바꿀 생각이었다. 그런 각오가 아니면 세상을 살기 힘들다.

중요한 것은 미소다. 억지로 웃으면 기분만 나쁘다. 그런 게 아니라 상대를 기쁘게 할 수 있는 일을 생각하면 된다. 상대가 기뻐해주면 나도 기쁘다. 자연스럽게 미소가 지어진다. 붙임성이 생기는 것이다.

그를 위해서는 상대에게 관심을 가져야 한다. 상대에게 관심을 가지면 자연스럽게 길이 열린다. 처음에는 조심스럽겠지만 하다 보면 사람이 좋아져 견딜 수 없게 된다. 거기까지 가면 영업은 천직이 된다.

'운도 실력 중 하나'라고들 하는데 나는 아니라고 생각한다. '운이야말로 실력'이다. 아무리 공부해도 운이 나쁜 녀석은 결과를 내지 못한다. 대체로 운이 없는 녀석은 입을 내밀고 안 되는 이유만 얘기한다.

그게 틀린 거다.

까지 있으면 인간관계가 자연스레 생긴다. 이렇게 '운'이란 인간
관계 속에 숨어 있는 거라고 생각한다.

무릎을 꿇든 거짓으로 울든, 뭐든 해라

에스테로 옮기고 나서도 꽤 오래 영업을 했다.

자원해서 수도권 영업총괄부장에 취임했다. 당시 에스테의 방
충제는 국내 1위의 시장점유율을 자랑하고 있었지만 수도권에서
만 판매가 시원치 않았다. '형태가 있는 물건을 못 팔리 없다.'고
생각한 나는 수도권 1위를 목표로 내달렸다. 도매점은 물론 소매
점 사장도 직접 만나러 다녔다. 할 수 있는 모든 일을 했다. 갑자
기 무릎을 꿇은 적도 있다.

"남자로 인정받게 해주십시오. 지금보다 두 배, 아니 세 배를
팔아주십시오."

눈앞에서 누군가 무릎을 꿇으면 상대는 어이가 없어진다. 그것
을 영업의 구실로 삼았다.

난공불락의 판매점에 매일 방문한 적도 있다. 가서는 아무 말
없이 가게 주위를 청소했다. 뭐, 괴롭히는 거나 마찬가지다. 불편

해진 상대가 "일단 안으로 들어와."라고 말을 건다. 무슨 말을 들으면 그 자리에서 울어버린다. 물론 진짜로 우는 것은 아니다.

물론 그것만으로 상품이 진열되지는 않는다. 그러므로 매장 공간의 개선을 제안하는 등 유용한 정보를 계속 제공했다. 요즘은 제안 영업이 드물지 않지만 당시에는 그렇게까지 하는 사람은 없었다.

그렇게 해서 제품이 진열되기 시작하면 메가폰을 들고 가게 앞에 서서 영업도 했다. 나는 고객에게 영업을 잘 하기 때문에 물건이 잘 팔렸다. 소매점도 점차 나를 신용하기 시작했다. 수주 물량이 조금씩 올랐다.

중요한 것은 물건을 파는 열의다. 내 진심에 자극을 받았는지 부하직원들도 잘해주었다. 어느새 에스테의 방충제 판매는 수도권 시장점유율 1위를 탈취했다.

사장은 영업팀을 장악하라

이렇게 갈고 닦은 '영업력'이 사장으로 일하는 데 도움이 되었다.

우리 같은 일용잡화 제조업체의 경우, 사장이 영업팀을 어떻게

통솔하느냐가 경영의 명암을 가른다. 도매점과 소매점이 거대해
진 요즘에는 더욱 그렇다. 무엇보다 상대의 가격 교섭력이 강해졌
다. 1엔을 둘러싼 아슬아슬한 교섭의 성공 여부가 경영에 영향을
준다. 가혹한 교섭에 영업팀을 내보낼 만한 파워를 사장이 지녀야
만 한다. 사장이 영업팀에게 얕잡아 보여서는 안 된다.

유능한 영업사원은 사장을 잘 다룬다. 물론 사장을 움직이지
못하면 회사를 움직일 수 없기 때문에 그 정도의 능력을 가지지
못한다면 제대로 된 영업사원이라고 할 수 없다.

문제는 '다뤄지는 방식'이다. 가혹한 교섭 끝에 상대가 제시한
유리한 조건을 받아들일 수밖에 없는 상황에 빠지는 경우가 있다.
그럴 때 영업팀은 사장을 동행시켜 "알겠습니다."라는 말을 하게
한다. 회사 내부에서 교섭의 결과가 문제가 되어도 "사장이 수락
했기 때문에 어쩔 수 없다."고 변명할 수 있다. 영업팀은 서로 연
대하고 있기 때문에 이런 정보는 입소문으로 순식간에 퍼진다.
"이번 사장은 물러."라는 평판이 퍼지면 그 사장은 끝이다.

따라서 사장은 영업팀을 진심으로 감복시켜야 한다. 그를 위해
서 제일 먼저, 그들의 간담을 서늘하게 만들어야 한다. 나는 '아무
래도 이정도는 못해.'라고 생각하는 일을 해 보인다.

이따금 나는 영업팀에게 "고객(도매나 소매)에게 나를 데려가."라

고 부탁한다. 그럴 때 대체로 영업담당자들은 유능하게 보이려고 자기가 가장 자신 있는 곳으로 사장을 데려가려고 한다. 그런 곳에 좋다고 따라가서 태평한 얘기나 듣고 와서는 안 된다. 그러므로 "제일 힘든 곳에 데려가라."고 주문한다.

그리고 그 회사와 사장에 대해 철저히 조사한다. 일본생명보험 시절의 경험이 있기 때문에 아주 쉬운 일이다. 이후 영업담당자를 불러 질문 공세를 펼친다.

"사장의 취미가 뭐지?"

"골프입니다."

"그래? 그러면 어떤 사람들과 치러 다니지?"

"……."

"너는 그런 것도 모르냐? 나는 알고 있으니까 알려주지."

게다가 이렇게 못을 박는다.

"너, 정말 그 사장을 만났어? 예의상 방문 같은 게 아니었나? 상대의 마음에 파이프가 연결되어 있지 않잖아. 뭐 하는 거야!"

입 한번 벙긋 못할 것이다.

이렇게 일단 영업담당자를 제압하고 나서 거래처 사장을 방문하는 길에 동행한다.

지금부터는 늘 하는 영업이다. 내가 사장이라고 멋진 말만 해서는 안 된다. 일단 상대의 말을 경청하고 좋아할 만한 말을 한다. 마음을 열게 하는 것이다. 그를 위해서는 무슨 일이든 한다. 사원의 눈앞에서, 난이도가 높은 일을 해내는 것이다.

어느 날, 보스 기질이 있는 소매점 사장의 가게에 동행했던 때의 일이다. 좀처럼 우리 상품을 취급해주지 않아서 곤란했다. 술을 함께 마시면서 취한 척하고 이렇게 말했다.

"한 가지 부탁드리겠습니다. 사장님! 가슴 털 하나만 주십시오!"

그리고 가슴에 손을 넣어 한 오라기를 뽑았다.

"아이고, 죄송합니다. 제가 너무 취해서요."

이렇게 말하고 껄껄대고 웃었더니 그 사장 역시 껄껄대고 웃으면서 말했다.

"알았다! 그런데 자네 이렇게까지 하나!"

물론 어떻게 하느냐에 따라 위험한 일이기도 하다. 하지만 상

 어쨌든 사장이 난공불
락의 고객과 협상에 성공하면 영업사원은 단번에 "졌습니다."라
는 태도를 취한다. 이런 능력을 가끔 보여주는 것이다.

그리고 이런 일들로 인해 가까운 거래처 사장과의 핫라인이 생
긴다. 이따금 정보를 주기도 하니까 말이다.

"당신네 말이야. 이런 일을 하는데 그러면 안 돼."

이와 같은 말을 들으면 곧바로 영업담당자를 불러들인다. "어
떻게 된 거냐?"고 추궁하다가 끝에는 "이 멍청아!"라고 일갈한다.
영업의 입장에서는 '어떻게 그런 것까지 알았지?' 하는 생각에 불
안해져 '괜히 속이면 안 되겠다.'는 태도를 취한다. 또 "이번 사장
은 위험하다."는 소문이 일제히 퍼진다.

한번 급소를 잡았다면 그 다음에는 일일이 애기하지 않는다.

에스테의 상품은 경기를 그리 타지 않는다. 영향이 큰 것은 날
씨 정도이다. 겨울이 따뜻하면 주머니난로는 거의 안 팔리니까.
하지만 하늘은 사람의 말을 들어주지 않는다. 그래서 늘 영업팀에
게 이렇게 말한다.

경기보다 날씨, 날씨보다 건강, 건강보다 인기가 우선이다.

사장은 영업팀이 제대로 일할 수 있도록 기지를 발휘해야 한다.

회사 밖에 자기편을 만들어두는 것도 사장의 중요한 일이다.

이는 동종업계 사장에 한하지 않는다. 다양한 곳에 내 편이 있으면 여차 싶을 때 도움이 된다.

그때도 영업이 필요하다. 예를 들어 나는, 어느 회사의 사장이 신문이나 잡지에 나오면 비서에게 스크랩을 부탁하고 곧바로 전화를 건다. 상대 비서는 반드시 사장에게 전화를 연결해준다. 그리고 사장에게 "감탄했다."는 뜻을 전한다. 때마침 사장이 없으면 비서에게 전달한다. 전화하기에는 시간이 지났다고 여겨지면 간단한 편지를 보낸다. 그러면 상대는 기뻐하며 "한번 봅시다."고 말한다. 그렇게 쌓은 인간관계를 소중히 여기면 된다.

나도 사장을 하니까 알지만 이런 일은 꽤나 흐뭇하다. 미디어에 나오는 일이 그리 자주 있는 일은 아니므로 아무래도 많은 대중에게 내가 어떻게 받아들여질지 불안하다. 그럴 때 연락이 와서 칭찬을 해주면 십년지기 친구 같은 느낌이 든다. 요컨대 사장은 항상 세일즈에 철저해야 한다는 말이다.

나는 강한 운의 소유자이다. 이제까지 여러 번 '큰일 났다.'고 생각한 경우가 있었는데 그때마다 꼭 손을 내밀어 도와주는 사람이 나타났다. 너무나 고마운 일이다. 그 은혜도 꼭 갚는다. 그런 과정이 쌓이고 쌓이면 내 편도 눈덩이처럼 불어난다.

사장의 영업력은 회사를 지키는 힘 그 자체이다.

사장은 숫자에서 현실을 파악하라

사장이 숫자를 읽는 것은 무엇보다 중요하다

경영은 수학이다.

숫자로 생각하고, 숫자로 말하고, 숫자로 결과가 나온다. 철두철미하게 모든 것이 숫자로 결정된다. 그러므로 사장은 숫자에 강해야만 한다. 그것은 사장이 되는 최소한의 조건이다.

그런데 스스로 숫자를 읽지 못하는 사장도 있는 것 같다. 숫자를 보는 일을 재무나 경리 등 현장담당자에게 맡기고 사장은 보고만 받는다. 그리고서 경영 판단을 내리니까 사업이 위험에 빠지는 것이다.

적어도 나는 그렇게는 판단을 내리지 못한다. 숫자의 배경에 있는 '현실'을 자기 힘으로 찾아내지 않고서는 안심할 수 없다.

나는 꽤나 숫자에 강하다. 초등학교 때 읽을 책이 없어서 형의 수학 교과서를 든 이래 숫자는 취미 같은 것이었다. 결과를 추리

하는 즐거움, 그리고 명확한 답이 나온다는 점이 내 성격과 잘 맞았을지 모른다.

일본생명보험에 들어가서도 비즈니스의 리스크를 평가하는 보험수리 시험을 손쉽게 통과했다. 통계에 관해서는 나 스스로 프로라고 생각한다.

기업보험을 팔기 위해 타깃 기업의 10년 치 재무제표를 읽고 분석하기도 했다. 숫자를 읽으면서 기업을 보는 눈을 상당히 길렀다. 그러므로 숫자를 보는 게 괴롭지 않다. 지금도 중요한 숫자는 모두 내 눈으로 읽는다.

우선 첫 번째로, 두꺼운 영업보고서의 페이지를 휙휙 넘기면서 숫자가 맞는지 아닌지 체크한다. 그다음에는 숫자의 움직임을 눈으로 쫓으면서 숫자를 스토리로 읽는다. 상품이 팔리기 시작해 안정기를 거치면 조금씩 매상이 떨어진다. 시간별, 날짜별 움직임을 보고 있으면 그런 스토리가 떠오른다. 그러다 갑자기 문맥에 맞지 않은 숫자가 나오는 경우가 있다면 그것은 담당자의 실수다.

물론 숫자가 정확한 것은 당연하다. 일은 그 다음이다.

그런데 이것을 해내는 인간이 적다. 이를테면 재무담당자들은 아주 사소한 데까지 신경을 써서, 완벽하게 계산이 맞아떨어지는 재무 서류를 만들어 낸다. 그리고는 '해냈다'는 표정을 지으며 사장에게 서류를 들고 온다.

물론 정확한 서류를 만드는 것도 중요하다. 하지만 진짜 일은 그다음이다. 완성된 숫자에서 문제를 발견하고 개선책을 제시한다. 혹은 '무엇이 문제인가.'를 의논하기 위한 기초자료를 만든다. 거기까지 하지 못하면 단순한 '주판담당자'일 뿐이다. 나도 예전에 부하를 혼낸 적이 있다.

"너 말이야, 좀 잘 해라. 내가 지적한 부분의 숫자만 바르게 내지 말고 그 전에 '이게 문제다'라고 제안할 순 없냐? 이래선 CFO(최고재무책임자)라고 할 수 없지."

요컨대 '보고'가 일이 되어버린 것이다. 단순한 '재무 회계'에서 벗어나질 못한다. 세무서와 증권거래소에 보고하기 위해 정확한 서류를 만드는 것이 우선순위가 되기 때문에 숫자를 읽지 못한다. 아니, 애당초 읽으려는 동기가 없다.

경영에 있어서 중요한 것은 '관리 회계'이다. 경영 상황을 진단하고 위기를 알아차려 대응책을 강구한다. 그를 위해서 지혜를 짜내는 것이 CFO이다. 그들은 보고를 위해서가 아니라 '생각하기' 위해 숫자를 다룬다.

정확히 계산할 수 있기 때문에 숫자에 강한 게 아니다. 숫자에서 '현실에서 일어나는 일'을 읽는 능력이 있는 것을 '숫자에 강하다'고 표현한다. 이 점을 제대로 알지 못하면 더 이상 할 말이 없다.

그런 까닭에 사장이 스스로 숫자에서 '현실'을 읽어야만 한다.

회사에 CFO가 있더라도 사장이 직접 회계를 확인할 필요가 있다. 왜냐면 '무엇이 현실인가?'를 정확히 알아내는 것이 모든 판단의 출발점이기 때문이다. 현실 판단을 누군가에게 온전히 맡기는 것은 사장이 내려야 하는 판단을 떠넘기는 것과 같다. 그것은 사장의 실권을 넘겨주는 것에 불과하다.

CFO가 해석한 '현실'과 사장이 해석한 '현실'을 대조하고 싸우게 함으로써 보다 '정밀한 현실'을 판단할 수 있게 하는 데 진정한 숫자의 의미가 있다.

그러나 숫자를 노려보고 있다고 해서 '현실'이 보이진 않는다.

숫자는 입체적으로 보지 않으면 해석할 수 없다. 정확한 해석을 위해서는 현실을 잘 알아야 한다.

나는 걱정이 많은 성격이라 매상이 마음에 걸려 매일 같이 상점을 돌아다닌다. 상품이 줄어든 정도를 확인하는 것은 물론이고 '용기는 효과적인가?' '라이벌 제품의 가격은 얼마인가?' '진열 장소는 어떤가?' 등을 내 눈으로 살펴본다. 재고 상황도 마음이 쓰여서 정기적으로 물류센터까지 가서 확인한다.

낮에는 영업사원들과 함께 점심을 먹는다. 그 자리에서 "어떤가, 그 상품의 매상은?" 하고 묻는다. 말로는 "잘 팔리고 있습니다."라고 하지만 영업사원들의 눈에는 힘이 없는 경우도 있다. 그런 정보를 자꾸 머리에 입력하는 것이다. 그 후에 POS 데이터, 영업보고서, 월차결산 등의 숫자와 마주한다. 그러면 숫자가 입체적으로 보인다.

예를 들어, 어떤 상품이 순조롭게 출하가 진행되어 '잘 팔리고 있다.'는 데이터가 나타난다. 사내 재고도 확실히 없다. "증산해야 한다."는 의견도 나오기 시작하는데 아무래도 납득이 가질 않는다. 내가 직접 들러 살펴보는 상점의 매출과 맞아떨어지지 않는다. '그러고 보니 한 영업사원도 같은 반응이었지.'라는 생각이 문득 떠오른다. POS 데이터는 달라지는데 출하량에 드러날 만큼 강한 움직임은 아니다. 위험한 신호다.

무슨 일이 일어나고 있나? 어쩌면 중간유통업자의 창고에 재고가 가득 쌓여 있을지도 모른다. 아니면 소매점 뒷마당에 쌓여 있을지도 모른다. 이 사실을 확인하지 않은 채 증산에 나서면 커다란 손해를 입을 가능성이 있다.

이런 식으로 숫자를 해석하는데 여기에는 상당한 '감'이 작동한다. 과학적으로 처리하려는 사람도 있지만 결국 마지막에는 '감'이다. 논리가 아니다.

'방향 감각'과 같다. 처음 찾아가는 마을에서는 길을 헤맨다. 하지만 여러 번 다니다보면 자연스럽게 길을 알게 된다. 그러다 보면 "이 앞 모퉁이를 돌면 거기가 나오겠지." 같은 느낌이 확 온다. 이것과 가까운 감각이다.

현장에 가까이 있으면서 숫자를 마주한다. 그리고 '지금 무슨 일이 일어나는지'를 추측한다. 틀릴 때도 있다. 그러면 '왜 틀렸지?'를 생각한다. 이런 일을 반복하다 보면 알게 된다. 말로 설명하기 힘든 '감'이 생기는 것이다.

내가 특별히 '감'을 익히기 위해 현장을 돌아다니는 게 아니다. 마음에 걸리고 재미있기도 해서 하는 일이지만 결과적으로 '감'을 익히게 되었다고 해야 하나.

비즈니스에서는 이 '감'이란 게 아주 중요하다.

"그 거짓말, 진짜야?"

이게 내 입버릇이다.

사원들은 대체로 자기 입장에 유리한 숫자를 댄다. 하지만 내 '감'은 위험 신호를 보낸다. 그래서 사원들에게 입버릇처럼 묻는 것이다. 자세히 검증하면 거짓이라는 게 밝혀진다. 사원의 말이 맞다고 생각될 때 이 말을 떠올리고 다시 한 번 깊이 생각하는 계기가 되었으면 한다.

30분만에 부정을 간파한다

앞서 사장은 재무제표를 읽지 못하면 안 된다고 했는데 이는 '감'을 익히면 아주 간단하다.

내 경우는 월차결산 24개월분을 쭉 늘어놓고 시간 순서대로 훑는다. 제조업체라면 '매상'과 '재고'에 주목한다. 매상이 늘면서 재고도 따라 늘어나는 것은 그런대로 괜찮다. 그러나 매상이 떨어지는데 재고가 늘어나면 주의를 요한다. 악성 재고가 쌓이고 있을 가능성이 높다. 게다가 그런데도 이익이 나오고 있다면 분식회계를 의심해야 한다. 분기 말에 월차 매상이 갑자기 늘어나는 것도 의심스럽다. 도매에 물건을 밀어내고 있거나 장부를 조작하고 있을 수도 있다. 속이는 방법을 알고 있으면 숫자를 보기만 해도 '감'이 작동한다.

'위험한 신호'를 발견하면 실태를 조사한다.

거의 틀리는 일이 없다.

에스테의 미국 자회사였던 엑셀사의 분식회계도 그렇게 알아냈다.

1989년에 엑셀사를 매수했다. 엑셀사는 당시 전미 방충제 시장점유율이 25%나 되는 제2위의 회사였다. 금융기관에서 매수를 요청했는데 솔직히 괜찮은 추천인지 아닌지 판단이 서질 않았다. 하지만 거품 경제가 한창이던 시절이라 돈이 남아도는데다 엔고가 계속될 것이라는 풍조가 만연한 가운데 그 이야기를 그냥 넘길 수는 없었다.

회사를 매수하기 전에 있던 미국인 사장을 그대로 유임시키고 전직 상사 직원이었던 일본인을 스카우트하여 회장에 앉혔다. 에스테에서도 사원 몇 명을 파견해 한 달에 한 번씩 업무보고서를 보내게 했다.

"경쟁사가 저가 공세를 펼쳐서 시장이 혼란스럽지만 경영은 순조롭습니다."

보고서에는 그렇게 쓰여 있었다.

당시 재무담당 임원이었던 내 눈에는, 아무래도 보고서의 내용이 의심스러웠다. 월차결산을 늘어놓고 숫자를 시간 순서대로 쫓으면 30분이면 알 수 있다. 매상이 떨어져 재고가 늘었는데도 이익이 늘었다. 전형적인 분식회계 케이스였다.

"이 녀석들이 한통속이 되어 사기를 치고 있네."

그렇게 확신했다.

하지만 "현지 조사를 하게 해 달라."고 제안해도 좀처럼 들어주지 않았다. 초초해진 나는 1991년 말 관계자의 반대를 무릅쓰고 현지로 날아갔다.

어차피 엑셀사의 경영진이 사실을 얘기할 리 없다. 그러므로 나는 미국 각 주에 설치된 판매 대리인의 이야기를 듣고 다녔다. 그러자 보고서의 거짓이 차차 드러났다. 경영 상황은 최악이었다. 내가 예상한 대로 안 팔리는 상품을 껴안고 이러지도 저러지도 못하고 있었다. 게다가 실제로 저가 경쟁을 펼친 것은 엑셀사 자신이었다. 책임 문제가 되는 게 두려워 거짓 보고서를 만들어왔던 것이다.

나는 격노했다.

"웃기고 있네!"

일본어로 호통을 치고 권한도 없으면서 그 자리에서 회장과 사장을 해임했다. 에스테에서 파견한 사원도 본사로 복귀시켰다.

나는 사실을 알게 되는 대로 곧바로 귀국할 계획이었다. 그러나 누군가 남아 회사를 정상화시켜야 했다. 그때까지 일주일 이상 해외에 있었던 적이 없었지만 내가 할 수밖에 없었다.

이렇게 나는 처음으로 사장 자리에 앉았다. 미국인 종업원 100여 명 중에 일본인은 단 하나였다. 스트레스로 치통이 생겨 신경을 끊어내야 하는 경험까지 했다. 그 얘기는 나중에 하겠다. 어쨌든 자회사의 분식회계를 간파하고 큰일이 되기 전에 조치를 취할 수 있었다.

인간을 모르면 숫자를 읽을 수 없다

'감'이 안 좋은 사람은 때로 목숨을 잃는다.

최근 해외 기업의 인수합병(M&A)이 유행하고 있는데 '괜찮을까?' 하고 나는 걱정하고 있다.

나는 이제까지 다양한 국가의 회사와 일을 해봐서 통감하고 있는데 일본은 특수한 나라다. 사장이 '성선설'에 따라 회사를 맡는 나라는 세계에서 일본밖에 없을 것이다.

세계에는 거친 사람이 참으로 많다. 따라서 세계의 사장들은 '성악설'에 입각해 경영하고 있다. 그런 가운데 '성선설'을 내세우면 뼈아픈 경험을 할 것이다. 게다가 '감'까지 안 좋다면 차마 눈 뜨고 볼 수 없는 상황이다.

인수합병 중계업자의 말에 따라 재무담당자를 상대 기업에 파견한다. 그곳에서는 기가 막힌 재무제표를 보여주며 열렬히 인수합병을 권한다.

핵심은 재고다. 악성 재고를 안고 있다면 큰일이니까. 그래서 듀 딜리전스(Due Diligence)*를 하는데 해외 기업의 재고가 적정한지 아닌지를 확인하는 일은 지난하다. 상당한 프로라도 어렵다. 회계사라 해도 무리한 일이다. 그래서 "이 재고는 곧 나갈 겁니다." 같은 달콤한 말만 듣게 된다.

* M&A 등에서 상대 기업의 자산을 조사하는 일

무서운 점은 재무담당자 입장에서는 이 말을 믿는 편이 편하다는 점이다. 왜냐면 불량재고일 경우 그것을 증명할 책임이 발생하기 때문이다. 게다가 인수합병 중개업자는 성공 보수를 받는다. 무슨 수를 쓰더라도 계약을 성사시키려고 한다. 속으러 가는 것이나 마찬가지다.

그렇다면 어떻게 하면 좋을까?

상대 기업의 대장인 '인간'을 본다.

신뢰할 만한 인간인지 아닌지를 사장 스스로 감정해보는 것이다. '발언에 어긋남은 없는가?' '이제까지 무슨 일을 해온 사람인가?' '인상은 어떤가?' '거동에 수상한 점은 없는가?' 모든 관점에서 살핀다. 그것도 한순간에.

말을 들으면 들을수록 상대는 약점을 숨긴다. 웃긴 말이라도 해서 하하하 웃으며 상대를 방심하게 해야 한다. 그렇게 해서 끌어들이면 진면목을 엿볼 수 있다. 어디까지나 '인간'을 봐야 하는 것이다. 신뢰할 수 있는 인간이 아니라면 틀림없이 숫자도 거짓이다.

이전에 한 아시아 회사와 조인트 벤처(Joint Venture)*를 하려고 수차례 교섭 끝에 상대의 대장과 협의했던 때의 일이다.

* 특정 목적을 달성하기 위한 2인 이상의 공동사업체

이야기를 하는 도중에 상대의 얘기가 조금씩 변했다. 그 순간 나는 자리에서 일어섰다. 동행했던 부하직원에게 말했다.

"돌아가자!"

상대는 당황했지만 내 알 바 아니다. 신뢰할 수 없는 인간과는 일할 수 없다. 아무리 멋진 숫자를 보여줘도 믿을 수 없다.

사장이란 일은 '인간을 감정하는 일'이다. 인간을 모르면 숫자에 속는다. 비즈니스는 결국 마지막에는 '인간'이다. 이것은 100% '감'의 세계이다.

나는 이제까지 수없이 속아왔다. 수업료는 비쌌지만 그 덕분에 감을 제대로 익혔다. 그것이 지금은 나의 '무기'가 되어 있다.

행동은 두 냥,
생각은 다섯 냥, 포기는 천 냥

'포기가 천 냥'은 비즈니스의 철칙

행동은 두 냥, 생각은 다섯 냥, 포기는 천 냥.

그 유명한 우에스기 요잔*(上杉鷹山)의 이야기이다. 과연, 파탄 직전의 요네자와 번(米沢藩)을 재건한 명군이다. 그의 가르침은 일본에서 주식 투자의 교훈으로 사용되는 경우가 많은데 이는 비즈니스의 철칙이기도 하다.

실패한 사업은 가능한 빨리 철수한다. 그 포기가 가능하냐 아니냐에 따라 사장의 그릇을 알 수 있다. 포기가 늦으면 철수의 대가가 커진다. 실수를 저지르면 생명을 빼앗기는 경우도 있다.

나는 엑셀사의 사장으로 있었을 때 이 사실을 뼈저리게 느꼈

* 일본 에도 시대의 정치가이자 요네자와 번의 번주. 번주로 취임할 당시 요네자와 번은 재정이 어려웠고 농민들의 생활은 황폐해져 있었다. 그는 솔선수범하며 근검절약했고 실용적인 노력을 통해 개혁에 성공했다.

다. 경영 악화, 분식이 뒤섞인 결산······. 그 사실을 알고 나는 경영진을 그 자리에서 해고했다. 곧바로 사장에 취임해 재건을 위해 분주하게 움직였다.

"회사를 매각하는 편이 낫다."고 본사에 의견을 전했지만 "물러날 수 없다."고 하니 어쩔 도리가 없었다. 재무 상황은 말도 안 되는 수준이었다. 그렇기 때문에 한시도 망설일 틈이 없었다. 곧바로 사원을 반으로 줄이는 구조조정을 단행했다.

이것이 큰일이었다. 무엇보다 일본인은 나 혼자였고 게다가 엑셀사가 위치한 곳은 동해안이었다. 동부 지역의 미국인은 보수적인 편이라서 일본인을 무시하는 부분이 있기 때문에 얕잡아 보여선 안 된다. 처음부터 싸울 태세를 갖췄다. 제일 강한 놈을 막는다. 그것이 내 싸움의 기술이다. 그러면 대체로 모두가 고개를 숙인다.

키가 2미터에 가까운 관리 부문의 최고 책임자가 대들었기 때문에 먼저 그 녀석을 해치우기로 했다. 괴짜에다 러시아인으로 머리에 상투를 틀고 있다. 하루에 한 끼밖에 안 먹는다는데 보디빌더마냥 몸이 단단했다. 모두들 이 녀석을 두려워했다.

살해당할지도 모른다고 생각했지만 일단 위협부터 했다.

"서류를 보라고! 여기 숫자가 맞기나 하냐! 어디서 사기를 치고 있어!"

그렇게 닦아세우자 표정이 변했다. "매니지먼트가 느슨하니까 사원이 담합을 하는 거다." 그런 말을 간사이 사투리로 퍼부어댔다. 일본생명보험 시절에 10년쯤 오사카에 있었는데 싸움을 할 때는 이 간사이 사투리*가 꽤나 박력 있다.

"어설픈 얘기를 하면 재판에 넘길 거야!"

"잘라버리겠어!"

이따금 엉터리 영어도 섞었다.

"공용어는 일본어야."

"일본어를 못하면 숫자로 말해."

"숫자는 플러스만 있어야 한다. 마이너스 숫자는 인정 못해."

조그만 일본인이 느닷없이 나타나 이런 식으로 서너 시간을 떠들어대니 상대도 꽤나 기가 꺾였다. 물론 상투 튼 남자라도 말이

---

* 일본에서 간사이 사투리는 약간 투박하고 거친 이미지를 가지고 있다.

다. '이 일본 사람, 머리가 좀 돈 거 아니야.'라고 생각했던 모양이
다. 최고 책임자를 이틀이나 닦아세웠더니 얌전해졌다. 이것으로
다른 사원들도 나를 따르게 되었다.

그러나 매일 일대일로 붙어서 매주 네다섯 명씩 그만두게 하는
일은 정말 힘들었다. 해외 경영자처럼 해고를 차갑게 선고하는 일
은 나에게는 어렵다. 온몸 구석구석이 피곤했다.

회사가 이런 상태이니 스스로 퇴직하는 사람도 있다. 일이 돌
아가지 않으면 안 되니까 구조조정을 하면서 한쪽에서는 직접 면
접을 보고 새로운 사람을 채용해야 한다. 게다가 본사의 관리담당
상무도 겸임하고 있었기 때문에 그 숫자도 봐야 한다.

아침부터 밤까지 일만 하는 신세였다. 몸도 마음도 비명을 질
렀다. '나는 강하다. 어떻게든 될 거다.'라고 스스로를 다독이며
해나가는 수밖에 없었다.

하지만 구조조정만으로 회사가 재건되지는 않았다.

더 한다고 해도 도산을 피할 수 없었다. 그렇게 되면 본사에도
누가 된다. 그러므로 나는 본사의 의향을 무시하고 엑셀사를 매각
하기로 했다. '포기'를 결정한 것이다. 엑셀사에 눈독을 들인 것은
방충제에서 전미 시장점유율 1위를 달리고 있는 월러트라는 회사
였다. 본사의 뜻에 반하는 행동이기 때문에 매각 손실을 내선 안

된다. 강한 압박감 속에서 교섭이 이루어졌다.

심신이 너덜너덜해져도 멈추지 않는다

월러트 사의 사장이 첫 교섭 장소로 지정한 곳은 이유는 알 수 없지만 필리핀 마닐라의 플라자호텔 수영장이었다. 그쪽도 혼자, 이쪽도 마찬가지였다. 이번에도 체격이 크고 나이도 나보다 열 살은 젊다. 게다가 미국 해군 출신이다. 그 사람은 제대로 얘기도 하지 않고 수영장에 뛰어 들어 헤엄치기 시작했다. 그것도 한없이 말이다.

그래서 왜 수영장인지 깨달았다. '나도 어릴 때부터 수영을 해 왔다. 질 수 없다.'고 다짐하며 있는 힘을 다해 계속 헤엄쳤다. 밤에는 둘이서 식사를 하면서 비즈니스 얘기를 했지만 낮에는 계속 수영만 했다. 일주일이 지나자 몸이 꽤 힘들었다. 하지만 약한 소리는 하지 않았다. 하고 싶어도 그런 유창한 영어는 모른다.

의지 대결이다. 그러다 보니 결국 상대도 손을 들었다. 그래서 간사이 사투리로 말했다.

"어때?"

“네 진의는 잘 알았다.”

진의 같은 거 알 리 없을 테지만 요컨대 ‘네 근성은 알겠다. 교섭에 들어가자.’는 말이다. 서로 전투능력이 고갈되었기 때문에 이쯤에서 끝내기로 한 셈이다.

교섭은 난항을 거듭했다. 처음부터 우리가 압도적으로 불리했다. 영어로 떠드는 것은 그렇다 치고 무엇보다 계약서를 도통 알아볼 수 없었다. 영미법에 근거한 계약 같은 건 몰랐으니까.

시간당 450달러나 받는 변호사를 고용해서 상대 담당자와 변호사까지 넷이서 격렬한 교섭을 거듭했다. 상대는 1달러라도 싸게 사려고 하고 우리는 1달러라도 비싸게 팔려고 하는 정면 승부였다.

“그런 낮은 가격만 내놓는다면 철저하게 가격 경쟁에 나서겠다. 그래도 괜찮나?”

이런 위협도 하면서 밀고 당기기를 계속했다.

본사에서도 매각을 인정하지 않았기 때문에 완전히 고립무원의 상태였다. 교섭이 마지막에 거의 다다랐을 때 스트레스 탓인지 극심한 치통에 시달렸다. 결국 치과의사를 찾아갔다.

“이가 아파서 힘이 안 나니까 어떻게 좀 해 달라.”

대부분의 이에서 신경을 잘라냈다. 치료비가 약 1만 달러가 들었다. 당시 환율이 1달러에 150엔 정도였으니 150만 엔인 셈이다. 귀국 후 일본 치과의사에게 진찰을 받았더니 신경을 잘라낼 필요까지는 없었다며 어이없어 했다. 원래대로 회복시키는 데 50만 엔이나 또 들었다.

지독한 일을 당했지만 그래도 제값에 교섭이 성립되었다. 1991년 말에 매각에 뛰어들어 1년 이상 구조조정과 교섭을 거쳐 최종적으로 1994년에 매각에 성공했다.

철수 작업으로서는 대성공이라고 할 수 있을 것이다. 하지만 지금도 생각한다. 좀 더 빨리 문제를 발견하고 빨리 포기했다면 이런 고생은 하지 않았을 것이라고…….

그야말로 포기에는 천 냥의 가치가 있다.

일류 사장은 성공을 포기할 줄 알아야 한다

그런데 이 '포기하기'가 어렵다.

손해를 인정하면 책임 문제가 되기 때문에 누구도 좀처럼 입 밖에 내지 않는다. "아직 괜찮아. 아직 괜찮다." 하면서 매달린다. 때로는 손해를 회복하기 위해 추가로 무모한 투자를 하기도 한다.

상처는 점점 더 벌어질 뿐이다.

그러나 이미 손해가 발생한 사업에서 철수하는 것은 그래도 쉽다. 사장이 결단하고 저항을 물리치며 철수에 나서면 그만이다.

어려운 것은 '성공을 포기하는 것'이다.

실은 그보다 더 두려운 것은 '팔리는 상품'이 탄생했을 때이다. 아무리 잘 팔리는 상품이라도 언젠가 정점을 찍으면 팔리지 않게 된다. 그 타이밍을 계산해 철수할 수 있으면 최고다.

결국 '이긴 상태에서 떠나는 것'은 불가능하다.

이렇게 생각하는 편이 좋다.

왜냐면 '이긴 상태에서 그만둔다.'고 생각하면 계속 공격해야만 한다. 일용잡화의 경우에는 팔기 위해서 상점에 상품을 산처럼 쌓아야 한다. 영업에서는 날마다 증산 요청이 들어온다. 그에 따라 공장을 풀가동한다.

그런데 미래는 아무도 모른다. 아무리 정교한 마케팅을 해도 미래는 모른다. 그리고 어느 날 갑자기 팔리지 않게 되면 급브레이크를 걸어도 이미 늦다. 파도같이 대량 반품이 밀려들어 온다. 이래서 망하는 회사도 많다.

따라서 사장은 성공에 살짝 겁을 먹는 편이 좋다. '이기는 싸움'이라고 너무 심취하다 보면 큰 부상을 입는다. 들뜨는 기분을 억

누르고 '공격 중지' 명령을 내릴 수 있는 게 일류 사장이다.

성공에 심취하면 실패하게 된다

내가 아직도 자랑하고 다니는 게 있다.

신형 인플루엔자가 크게 유행해 마스크 수요가 극적으로 많았을 때이다. 우리도 마스크를 취급하고 있으니까 증산에 또 증산을 거듭했다. 마스크에 날개가 돋친 듯 마구 팔려나갔다.

그러나 어느 순간 생각했다. '이거, 위험해⋯⋯.'

분위기에 휩쓸리면 큰일을 당한다. 그래서 과감하게 매상이 여전히 늘어나고 있는 시점에서 철수를 선언했다.

물론 회사 안에서는 반대의 대합창이 일었다.

"한창 팔리고 있는 상품인데 왜 철수하나?"

"이 기회를 이용하지 않을 이유가 있나?"

반대는 생각했던 것보다 극심했다.

"좀 더, 좀 더."하며 피가 들끓고 있는 사원들에게 "이미 많이 팔려서 철수한다."고 말해봤자 납득할 리 없다. 그렇기 때문에 '성공에서의 철수'는 어렵다. 하지만 이때 나는 완강히 양보하지 않

있다.

결과는 어땠냐고?

신형 인플루엔자는 순식간에 잠잠해졌다. 몇몇 기업은 대량 반품 때문에 고생했다.

인간에게는 욕심이 있다. '이긴 상태에서는 도망칠 수 없다.'고 아무리 자신을 다독여도 욕심에 눈이 멀어 잘못된 판단을 내리고 만다.

좀처럼 일류가 되지 못하는 것이다.

그래서 우에스기 요잔은 이렇게 말했다.

행동은 두 냥, 생각은 다섯 냥, 포기는 천 냥, 무욕은 만 냥.

'그야말로 명군이구나.' 하고 감탄할 뿐이다.

사장은 반성할 시간에
숙면을 취해라

성실만으로는 사장을 할 수 없다

사장은 24시간 조업이다.

그중에는 일의 'ON/OFF'가 중요하다는 사장도 있는데 그렇게 해서 일이 잘되긴 힘들다. 내게는 아무래도 그럴 능력이 없다.

나는 사이클링, 스키, 등산, 수영 등 많은 취미를 가지고 있다. 최근에는 사이클링에 빠져 자전거를 본격적으로 주문제작하여 고원을 수십 킬로미터씩 달린다.

그러나 아무리 놀아도 일이 머리에서 떨어지지 않는다. 항상 머리 한편으로는 끊임없이 일을 생각하고 있다. 꿈속에서도 생각하고 있다. 24시간 365일 ON/OFF가 영 되지 않는다. 이것은 내 성격 탓인지도 모르지만 이 정도가 아니라면 사장은 할 수 없다고 생각한다.

"3분간 생각해서 결론이 나지 않으면, 3년을 생각해도 결론이 나지 않는다.”

나는 항상 이렇게 말한다. 대부분의 일은 팍팍 결정한다. 회사에 대해 늘 생각하고 있기 때문에 금방 결론이 나온다. 3분 생각해서 결론이 나지 않으면 평소의 생각이 부족했다는 증거다.

하지만 도가 지나치면 덫에 걸린다.

성실함은 무섭다. 전심전력을 다하는 것은 멋있지만 하나를 너무 생각하는 바람에 시야가 협소해진다. 모르는 사이에 마음에 편협함이 생긴다. 그 결과 그른 판단을 내린다.

그렇기 때문에 'ON/OFF가 중요하다'고 하는 것이리라. 그러나 OFF가 되지 않는다면 '성실함의 덫'에 빠지지 않는 게 유일한 방법이다. 성실하게 사는 일을 중단하는 것이다. 성실하게 사장을 하면 반드시 사기가 꺾인다.

불성실하게 지내라는 말이 아니다. 지나치게 성실해선 안 된다는 소리다.

사장이 잘 자야 경쟁에서 이긴다

우선 잘 자둘 것. 사장이 제대로 잠들지 못하면 진다.

나는 원래 잘 자는 편이다. 해외에 갈 때도 비행기에 타면 이륙하기 전에 잠들어서 착륙한 후에 일어난다. 그런 나도 잠들지 못하는 때가 있다.

사장 취임 직후에 경쟁사가 방충제의 가격인하 경쟁을 시작했을 때는 잠을 잘 수가 없었다. 그러면 다음 날도 머리가 맑지 않다. 교섭을 해도 근성을 낼 수 없다. 사장에게 패기가 느껴지지 않으면 사원도 불안해진다.

그때는 수면제를 복용하고 잠을 청했다. 그리고 '가격인하 경쟁을 상대하지 않겠다. 적은 적이고, 나는 나다.'라고 결심했다. 이리저리 걱정해봐야 소용없다. 해결책이 없다. 곰곰이 생각하고 결단한다.

"될 대로 되라."

좋은 의미로 포기한다. 그러면 기분이 가라앉는다. 정신을 차리고 나면 1초 만에 잠들 수 있게 된다.

나는 늘 사원에게 이렇게 말한다.

"내가 원하는 인재는 어디를 가더라도 생수를 마시고 푹 잠들고 눈을 뜨면 늘 건강한, 그런 태평한 사원이야."

그러자 사원이 이렇게 말했다.

"사장님, 하지만 우리 사훈이 '성실'이에요. 그렇게 태평해서야 성실하다고 할 수 있나요?”

틀림없이 우리 사훈은 성실이다. 그러나 에스테를 창업한 아버지와 형이 이 말에 담은 의미는 “말한 것은 반드시 실현한다.”는 뜻이다. 매사에 진지한 얼굴을 하고 전전긍긍하는 게 성실은 아니다. 할 수 있는 일을 하고 나중에는 ‘될 대로 되라.’며 푹 잠든다. 실패해도 웃어버리고 다음 도전에 전력으로 질주한다. 그런 강인하고 밝은 회사이고 싶은 것이다.

이를 위해서는 모든 것을 제쳐두고 일단 자는 거다.

나는 어떤 일이 있어도 8시간은 잔다. 회사에 지각을 하더라도, 지진이 일어나도 8시간은 잔다. 그것이 사장 일을 하는 데 기본이라고 생각하고 있다.

절대로 반성 같은 건 하지 않는다

사장 자리에 앉아 있으면 싫은 일이 많다.

회사에는 항상 어떤 문제가 있다. 사회 문제도 날마다 일어난다. 게다가 TV나 잡지는 그럴 듯한 얼굴을 하고 ‘100년에 한 번 올까 말까 한 위기’, ‘엔고 위기’, ‘국채 폭락’ 등 무턱대고 위기를 선동한다. 줄곧 그런 것에 신경 쓰고 있다가는 정신이 이상해진다. 정신이 이상해지면 잠을 못 자고 생각도 제대로 못 한다.

그러므로 나쁜 소식에 일일이 깜짝깜짝 놀랄 필요는 없다. 회사가 망한다는 소식이 아닌 한 놀랄 일은 아니다. 사원이 안 좋은 보고를 올리면 우선 이렇게 얘기한다.

"흔한 얘기야."

"대단한 일은 아니군."

그것은 사원을 안심시키기 위해서이기도 하고 나 자신을 침착하게 만들기 위해서이기도 하다. 그리고 문제를 제대로 파악했다면 그에 대해 한없이 생각하지 않는다. 밤이 되면 생각을 중단한다. 이른바 '사고의 손절매'이다. 어두운 기분이 되면 우울해지고 만다. 아무리 걱정해도 해결되지는 않는다.

이 무렵에는 절대로 반성하지 않기로 정했다. 물론 실패한 원인을 찾아내 다음에 활용하는 것은 중요하다. 하지만 한없이 전전긍긍해봤자 기운만 없어질 뿐이다. 그보다는 웃어버리는 게 낫다.

TV도 뉴스 프로그램처럼 진지한 것만 봐야 좋을 게 없다. 그날 하루의 뉴스를 쭉 봤으면 스포츠 프로그램을 본다. 좋아하는 음악을 들어도 좋고 좋아하는 연극을 보러 가도 좋다.

그리고 푹 자면 일어날 때도 개운하다. 그런 순간이야말로 좋은 아이디어가 떠오르는 것이다. 어두운 표정을 하고 생각해봤자 사고가 안 좋은 쪽으로 쏠릴 뿐 묘안은 떠오르지 않는다. 바보 같은 농담이라도 해서 웃는 게 뇌를 활성화시킨다.

솔선수범은 반드시 한계가 온다

너무 바쁜 것도 안 된다. 무엇보다 나는 고령이라 금방 지친다.

'솔선수범'을 부정하는 것도 그 때문이다. 물론 솔선수범할 수밖에 없는 국면이 있다. 내가 사장이 되었을 때가 그랬다. 그때는 권력 기반이 약해서 상층부에는 나를 반대하는 세력밖에 없었다. 따라서 내가 지시를 내린다고 해도 조직이 잘 움직이지 않았다. 솔선수범하며 현장에 손을 대야 경영 방침을 근본적으로 바꿀 수 있었다.

그러나 솔선수범으로 발버둥을 치면 확실히 관리 한계를 넘어선다. 무엇보다 아주 사소한 데까지 참견하다보면 앞뒤가 안 맞는 순간이 온다. 말꼬리를 잡히면 귀찮아질 뿐이다. 사장은 근본적인 부분만 얘기하면 된다.

게다가 여기저기 고개를 내밀면 오히려 내가 펑크 난다. 피곤

하면 사고가 부정적으로 흐른다. 판단도 흐려진다. 「소취포트」,
「소취력」, 「탈취탄」, 「고메토방」 등이 연달아 히트해 회사가 재건되
었을 바로 그 무렵, 나는 과로로 쓰러져 한 달이나 입원했던 적이
있다. 아내에게 엄청 혼났다. 나도 이대로 계속할 순 없다고 생각
했다. 그래서 솔선수범을 버렸다.

사장은 가만히 있어도 바쁘다. 그러므로 가능한 여유를 가지려
고 노력해야만 한다. 이를 위해서는 사장만 할 수 있는 일을 한다.
그밖에는 부하의 책임으로 한다. 걱정은 되지만 걱정한다고 해도
어쩔 도리가 없으니 포기한다.

최근에 나는 임원회에도 가능한 참석하지 않는다. 전부 참여하
면 아무리 시간이 많아도 부족하다.

"회사가 망할 것 같은 부분이 있나?"

"아니오. 없습니다."

"그럼 됐어."

그렇게만 얘기하고 자리를 뜨는 경우도 있다.

높은 곳에서 더 넓은 세계를 바라봐라

오히려 사장은 개별적인 문제에서 거리를 두는 편이 낫다.

실은 '이건 좀 실패구나.' 하고 생각한 적도 있다. 공기청정 시장은 격전이 계속되고 있었다. 에스테는 소취제 분야에 늦게 뛰어들어서 시장점유율이 2위였다. 1등 기업을 추격하며 피투성이 싸움을 계속해왔다. 거기에 P&G와 존슨앤존슨 등 거대 글로벌 기업이 참전했다. '이런, 큰일 났군……' 하고 나는 전선에서 지휘했다.

그렇기 때문에 사원도 위기감을 가지고 대응했던 것도 사실이다. 그러나 스스로도 깨닫지 못한 사이에 시야가 협소해졌을 수도 있다. 전선의 지휘는 담당 임원에게 맡기고 나는 더 멀리 있었어야 했던 게 아닐까 생각한다.

대장은 망루 위에서 전황을 바라보는 데 모든 것을 건다. 물론 전선이 위험하면 출전할 필요도 있을 것이다. 그러나 난국을 넘으면 바로 빠진다. 더 중요한 일은 그 전투를 곁눈질로 살피면서 더 넓은 세계의 움직임을 지켜보는 것이다. 그리고 새로운 사업 전개를 구상한다. 나는 공기청정 시장에 너무 주력한 나머지 이 점을 놓쳤을 수도 있다.

조직에 위기감은 없어선 안 되는 것이다. 그러나 사장마저 위기감에 빠져 있으면 길을 잃는다. 전심전력은 대국을 바라보는 관점을 놓치게 한다.

하지만 반성은 하지 않는다.

"당했다."라고 정리하고 치워 버린다. 지나간 일에 마음을 써야 의미가 없다. 문제가 되는 것은 '앞으로 어떻게 할 것인가.'이다.

과거는 바뀌지 않는다. 그러나 미래는 만들어낼 수 있다.

뻔뻔하고 유들유들하게 넘겨라

중요한 것은 강인한 정신력이다.

그런 점에서 내가 존경하는 위인은 가쓰 가이슈(勝海舟)*이다. 그 사람은 상당히 괜찮은 인물이다. 특히 '성실하지 않다'는 점에서 큰 선생이다. 떠올리고 있으면 기분이 좋다.

가쓰 가이슈는 막부의 중신이었지만 유신 후에 새 정부가 작위를 주겠다고 나선다. 처음에 "자작이 어떻습니까?"라는 타진을 받자 "지금까지는 그래도 남들 못지않았다고 생각하는데 오 척도 아

---

* 에도 시대 말기의 무사이자 정치가

니고 사 척*은 좀 그렇군."이라며 거절한다. 그 후에 "백작은 어떻습니까?"라는 제의를 받자 마지못해 받아들인다.

이것이 나중에 후쿠자와 유키치(福沢優吉)의 비판을 받는다. 후쿠자와는 막부에 충성을 다하는 사양이 부족했다고 가쓰를 공격했다. 충군은 두 임금을 섬기지 않는 법이다.

그에 대한 가쓰의 태도가 기발하다.

"벼슬에 나아가고 물러섬은 내게 속한 것이고, 칭찬하고 타박하는 것은 타인의 주장이다. 내게 주어지지도 않았고 속한 것도 아니다."

칭찬을 받거나 비판을 받는 것은 타인의 일이니 나는 모른다는 소리다. 후쿠자와의 비판은 날카로웠지만 오히려 그의 태도가 시원하다. 후쿠자와의 그릇이 오히려 작아 보인다. 승부가 갈린 셈이다. 내 표현으로는 뻔뻔하다.

인생에서는 이 뻔뻔함이 중요하다. 살다 보면 실패도 하고 실수도 한다. 비판을 받을 때도 있다. 잘못했으면 고개를 숙인다. 실패하면 원인을 찾아낸다. 하지만 일일이 마음에 담아둘 필요는 없다. 자책할 필요도 없다. 뻔뻔하게 웃는다.

* 사 척과 자작(子爵)의 일본어 발음은 시샤쿠(ししゃく)로 동일하다.

마음의 상태가 좋으면 판단이 크게 틀리는 일은 없다.

곤경에 처해도 활로를 찾을 수 있다.

이것이 바로 '성실하지 않기'의 진면목이다.

회사에는 상징물이 필요하다

회사의 존재 의의는 무엇인가

'사장의 취미생활이 지나치다.'

나는 이따금 이런 말을 듣는다. 그 이유는 「빨강머리 앤」 때문이다. 「빨강머리 앤」이란 내가 사장이 되고 난 뒤로 계속 해온 뮤지컬이다. 1년에 한 번 고객에 대한 보답으로 약 2만 명의 고객을 무료로 초대(추첨)해 매년 8월, 전국 여덟 곳에서 10회 공연을 갖는다.

각지에서 일반 공모 오디션을 실시해 합격한 약 100여명이 무대에 서는, 고객도 참가하는 이벤트이지만 주요 출연진은 시마타니 히토미(島谷ほとみ), 안나 준(安奈淳), 간다 사야카(神田沙也加), 다카하시 아이(高橋愛) 등 일본의 유명 스타가 등장하는 본격적인 뮤지컬이다.

그들에게 출연료를 주는 것만으로도 경비가 상당히 많이 든다.

그래서 사원들이 사장의 취미생활이 지나치다고 이야기하는 것이다. 그러나 경영이란 것이 주판알만 튕기면 된다고 생각하면 큰 오산이다. 한손에는 주판을 들고, 한손에는 기개를 세워야 한다. 이 두 가지가 없으면 회사는 위태롭다. 그것이 나의 경영철학이다.

그러면 어떻게 「빨강머리 앤」이 시작되었나?

실은 에스테의 사장이 되었을 때, 나는 뭘 하고 싶은지 잘 몰랐다. 생각난 것이 일본생명보험 시절이었다. 당시 내 상사는 후에 일본생명보험의 사장이 된 이토 조세이(伊藤助成)였다. 생명보험 업계 출신으로서는 처음으로 경제동우회의 부회장을 맡는 등 존재감이 특별했던 사람이다. 아무 이유 없이 나를 아껴서 늘 스키나 등산을 함께 했다.

그 당시 이토 씨에게 내가 한 가지 제안을 했다.

"일본생명보험이 비용을 부담해서 후지산을 청소하면 어떨까요?"

생명보험회사가 사회적으로 인식되지 않았던 시대였기 때문에 사회에 유익한 일을 해서 대의명문을 세우면 어떨까 생각했다. 이토 씨가 응원해주어 나는 각 대학 산악부와 반더포겔

(wandervogel)*의 학생 100명을 모아 청소 부대를 조직하고 그 대장이 되었다. "일본 최고의 일본생명보험이 일본 최고의 후지산을 청소한다."는 캐치프레이즈를 걸고 산을 터벅터벅 오르며 청소했다.

해보니 마음이 뿌듯하고 후련했다. 역시 사회에 도움되는 일은 몸에도 좋다. TV에도 활동이 소개되어 여러 사람에게 "좋은 일을 한다."는 칭찬을 받았다. 그러자 회사 안에서도 응원해주는 사람이 늘었다. 회사의 사기도 오른 것 같았다.

그래서 생각했다. 회사에는 '이익을 넘어선 무언가'가 필요하다고.

매상, 이익, 주가는 회사가 존속하기 위해서 없어서는 안 되는 것이다. 그러나 이것만으로는 부족하다. 힘이 나질 않고 세상의 인정도 받지 못한다. 물론 본업으로 사회에 공헌하는 것은 당연한 일이다. 그러나 회사에는 영리를 넘어선 상징물이 필요하다. 사장부터 사원까지 한 사람 한 사람에게 존재 의의를 줄 수 있는 무언가……

그래서 생각해낸 것이 뮤지컬이었다.

나는 뮤지컬을 무척 좋아하는 사람이다. 뉴욕에 가면 반드시 브로드웨이에 가고, 런던에 가면 반드시 피커딜리 서커스에 들른다. 일본에서도 자주 뮤지컬을 즐긴다. 하지만 좋은 작품은 적다고도 생각했다.

나는 권선징악을 좋아하지 않는다. 나쁜 놈이 죽는 장면이 나오면 불쌍해서 보고 있을 수 없다. 물론 좋은 사람이 죽는 것도 싫다. 어쨌든 해피엔딩이 좋은데 그런 작품이 적다. 다 보고 난 후에 어쩐지 기분이 찜찜하다. 후련한 기분으로 '좋아. 나도 노력해야지.'라고 생각할 수 있는 작품도 적다. 있긴 있어도 이건 또 너무 심심하다. 배에 힘이 들어가지 않는다. 좀처럼 '이거다!' 싶은 게 없다.

'그렇다면 내가 만들어보자. 그리고 고객을 초대해 즐기게 하는 거다'.라고 생각했다. '많은 일이 일어나지만 그래도 열심히 살아요. 에스테도 열심히 할게요.'라는 생각을 전하고 싶었다. 이 세상이 조금이라도 밝아지면 보람도 있다.

이런 일은 사장이 나서지 않으면 결과를 내지 못한다. 그래서

「빨강머리 앤」을 선택했다. 내 자신이 이 책을 보며 자랐기 때문이다. 전쟁이 끝난 후 무라오카 하나코(村岡花子)가 번역한 《빨강머리 앤》은 그 당시 엄청난 붐을 일으켰다. 당시에는 책 같은 게 없었기 때문에 너덜너덜해질 때까지 읽었다. 어두운 시대였는데 나 역시 큰 용기를 얻었다.

앤의 생애는 슬프다. 어려서 부모님을 잃고 친척집을 전전하다가 결국에는 고아원에 보내진다. 그곳에서 실수로 다정한 매튜와 마릴라 남매의 집에 보내진 앤은 드디어 남들이 누리는 행복을 얻게 된다. 그 뒤에 학교에서 괴롭힘을 당하기도 하고 매튜가 세상을 떠나기도 하는 등 힘든 일이 차례로 찾아오지만 앤은 밝게 살아간다. 이 이야기는 세대를 초월해 사람들에게 용기를 주고 있다.

원작은 실제로 조금 어둡다. 그래서 각본가에게 "밝게 만들어주세요." "템포 있게" "너무 질질 짜지 않았으면 좋겠습니다." 같은 요구를 하면서 10년에 걸쳐 제작했다.

「빨강머리 앤」 뮤지컬은 고객들에게도 엄청난 호응을 얻었다. 나와 나이가 비슷한 사람부터 아이 엄마나 꼬마까지, 약 20만 명 이상이 즐겨주었다. 나도 반드시 공연을 보러 가는데 공연이 끝난 후 후련한 표정을 짓는 고객들을 배웅하는 게 무엇보다 즐겁다. 오히려 내가 힘을 얻는다.

또 하나 숨은 목표가 있다.

보통 이런 이벤트는 전문가에게 맡겨 두는데 우리는 모두 사원이 직접 운영한다. 티켓 받는 일부터 좌석 안내까지 모든 것을 사원이 한다. 싸게 진행하려는 마음도 있지만 그것만이 전부가 아니다. 일용잡화 기업은 고객과 직접 접촉할 기회가 거의 없다. 도매점이나 소매점이 영업 대상이다. 그러므로 뮤지컬을 통해 소비자와 만나면서 일에도 마음을 담을 수 있게 된다.

어느 날, 공연 도중에 지병 악화를 호소하는 고객이 있었다. 우리 사원은 고객의 가족이 병원에 도착할 때까지 몇 시간씩 병원에서 대기했다. 그리고 다음 날 다시 고객에게 문안을 갔다. 이 사원은 표창을 받을 만하다. 이런 마음으로 고객을 대하는 사원이 있는 한 에스테는 걱정 없다고 생각한다.

그것만이 아니다. 나는 사원에게 「빨강머리 앤」 공연장에 "부인과 아이도 데리고 오라."고 이야기한다. 우리 집도 마찬가지이지만 많은 가정에서 '남편은 건강하고 집을 비워주는 게 제일'이라고 생각한다. 그런데 「빨강머리 앤」 공연을 관람한 부인이 사원에게 칭찬을 한다. "당신 회사, 다시 봤어."라고 말이다. 사원도 흐뭇해진다. 물론 월급과 노동조건도 중요하다. 그러나 이런 마음이 있어야 비로소 사원과 가족과 회사의 일체감 같은 게 생기는 게 아닐까. 이것이야말로 회사의 저력이다.

고객에게 감동을 전한다

실은, 나는 내가 경영자라고 그다지 생각하지 않는다.

사회 운동을 하고 있다는 편이 더 가까울지 모른다. 그러지 않으면 몸도 마음도 견디질 못한다. 주판알만 튕기다 보면 사원도 가족도 다 싫어진다. '사회를 밝게 만들고 싶다.' '사회를 힘차게 만들고 싶다.'는 생각을 함께 하니까 힘도 나는 것이다.

그런 내 생각이 전해졌는지 2003년 한 사원이 시를 써주었다.

공기를 바꾸자.

방과 삶의 공기를 바꾸고 싶다.

가게와 매장의 공기를 바꾸고 싶다.

그리고 일본과 일본 사회의 공기까지 바꾸고 싶다.

그를 위해서 우선 우리들의 공기를 바꾼다.

우리들은 연구와 상품으로 공기를 바꾼다.

우리들은 영업과 판매로 공기를 바꾼다.

우리들은 광고와 홍보로 공기를 바꾼다.

에스테는 도전하고 제안한다.

그리고 공기를 바꾼다.

아주 기뻤다.

우리들은 물건을 만드는 게 아니다. 고객에게 감동을 전한다. 살다 보면 많은 일이 일어난다. 하지만 에스테의 기업 활동을 통해 고객들이 아주 조금이라도 밝아지고 힘을 얻을 수 있다면 그보다 기쁜 일은 없다. 그런 존재 의식을 뿌리 깊이 가지고 있는 회사야말로 강한 회사가 아닐까. 불과 500명을 거느린 작은 회사가 '일본의 공기를 바꾸고 싶다.'니……. 꽤나 대담하지만 물론 어디까지나 말하는 건 자유다. 그 정도의 기개 없이 어떻게 회사를 해나갈까.

그리고 그 기개의 상징이 바로「빨강머리 앤」이다.

사장이 아무리 입으로 '사회 공헌'을 주장해도 말만 해서는 단순한 잠꼬대에 지나지 않는다. 생각을 담아 실천할 때 비로소 진심이 된다. 그러므로 이것은 나의 생명을 건 취미생활이다.

Part 4

사장은 **패기** 있게 **행동**해야 한다

사장이 씩씩하게 웃어야 만사가 잘 풀린다

리더가 동요하면 사원들은 혼란에 빠진다

2011년 3월 11일 동일본대지진이 발생했을 때, 나는 치바 현 마쿠하리메세에 위치한 컨벤션센터에 있었다. 창설할 때 발기인으로 참여했던 'JAPAN 드럭스토어 쇼 2011'의 첫날이었다.

전국의 드럭스토어가 모두 모이는 최대 이벤트였다. 에스테도 매년, 기업 부스에 상품을 전시한다. 당시에 나는 총 60명의 사원과 함께 전시회장에 있었다.

그때 나는 에스테 부스 옆에서 거래처 고객과 세상 돌아가는 얘기를 하고 있었다. '어라? 현기증인가?'라고 생각한 순간, 위아래로 쿵 하는 충격이 오고 상품과 전시물이 우르르 소리를 내며 무너져 내렸다.

정신을 차려보니 전시회장에 있던 사람들이 모두 사라지고 없었다. 나는 워낙 둔감한 터라 멍하니 그냥 우두커니 서 있었다. 뭘

해야 좋을지도 모르겠고, 어디로 도망쳐야 좋을지도 몰랐다. 오래 살았으니 새삼 허둥거릴 필요도 없겠다고 생각했다.

그러고 있는데 사원 하나가 달려왔다.

"사장님, 여기서 이러고 계시면 안 돼요."

"건물이 붕괴될까?"

사원에게 손을 잡혀 밖으로 나와 보니 남쪽 하늘에 검은 연기가 나는 게 보였다. 나중에 안 일이지만 이치하라에 있는 정유소에서 발생한 화염이었다. 옆 호텔을 올려다보니 청소용 곤돌라가 기울어져 공중에 매달려 있었다. 사원은 한 곳에 모여 있었고 전원이 무사했다. 하지만 모두 불안한 모습으로 침묵했다. 웅크리고 우는 여직원도 있었다.

'엄청난 일이 벌어졌구나……'

그렇게 생각했지만 대장이 벌벌 떨어서는 안 된다. 사원들은 나를 안 보는 척하면서도 다 보고 있기 때문에 내가 불안한 표정을 지으면 패닉에 빠지고 만다. 그러므로 늘 하던 허풍을 부렸다.

"이런 일은 자주 있는 일이야. 대단한 일도 아니군."

사원 몇 명이 미소를 짓는 모습을 보자 마음이 조금 놓였다.

철도도 고속도로도 이용하지 못할 것이라는 판단이 서자 도쿄로 돌아오는 것을 일찌감치 포기했다. "오늘은 여기서 자자."고 하고 컨벤션센터에 묵기로 했다.

지진 해일의 영상은 컨벤션센터의 TV를 통해 봤다. 이 재해는 겪어온 것들과는 차원이 달랐다. 그야말로 간담이 서늘했다. 화면을 계속 보고 있으니 절로 기가 죽었다.

이 외중에 우리 직원들은 참으로 우수했다. 지진이 일어난 직후 근처에 있는 몇몇 호텔에 명함을 돌리며 "예약이 취소되면 연락을 달라."고 해놓은 것이다.

예상대로 예약이 취소되어 십여 개의 방을 확보한 뒤 여직원은 호텔에 머물게 했다. 사원들이 "그럼 사장님도 호텔로 가세요."라고 해서 '그럴 필요는 없다.'고 생각했지만 "사장님에게 무슨 일이 생기면 곤란해요."라고 하니 어쩔 수 없었다. '비겁하지 않나…….' 하고 생각하면서 호텔로 향했다.

TV를 켜니 비참한 영상이 계속되었다. 아나운서는 절박한 표정으로 피해 상황을 전하고 있었다. 그래서 나는 곧바로 TV를 껐다. 나쁜 뉴스를 한없이 보고 있어봤자 어쩔 도리가 없다. 부정적인 생각이 끝없이 흐를 뿐이다. 피해 상황이 마음에 걸렸지만 억지로 이불을 뒤집어썼다. 호텔 밖에서는 밤 내내 소방차 사이렌이 울렸다.

다음 날 3월 12일 토요일, 우리들은 각자의 집으로 돌아왔다. 고바야시 전무가 연락을 해서, 간부를 소집해 긴급 대응을 하고 있다고 했다. 그는 책임감이 강하니까 우선 회사 일을 맡겨 두면 될 것이다. 가뜩이나 혼란한데 나까지 있으면 더 그럴 수 있다. "부탁하네."라고 말하고 주말은 집에서 멍하니 있었다. 이럴 때 대장이 현장에 뛰어들어 호들갑을 떨면 큰 판을 놓친다.

TV는 그다지 보지 않았다. 비참한 영상과 공공광고가 계속 방송될 테니까 현 상태를 파악하고는 바로 껐다. 인터넷과 메일도 보지 않았다. 침울해질 정보는 가능한 접하지 않으려고 신경을 썼다. 중요한 일은 평상심을 유지하고 가만히 상황을 생각하는 것이다.

재해를 당한 분들을 생각하면 마음이 아팠다. 같은 일본인으로서 가슴이 미어지는 것만 같았다. 문득 전쟁과 그 후의 일을 수없이 회상했다.

그때도 공습으로 집을 잃고 가족을 잃은 사람이 많았다. 아버지와 형제를 전쟁터에서 잃은 친구들도 있었다. 도쿄는 불에 탄

황무지가 되었다. 그뒤로 가판을 늘어놓고 아버지의 일을 돕던 기억도 생생하게 떠올랐다.

회사에서는 속속 보고 전화가 왔다.

"후쿠시마 공장 지진 피해. 복구 일정은 당분간 예측 불가."

"「소취력」과 「소취포트」 생산 불가능."

봄 시즌은 일용잡화 판매의 성수기이다.

실수하면 회사가 망하겠구나……. 그렇게 생각했지만 나는 담담하게 듣고만 있었다. 요란을 떤다고 해도 달리 길이 없다. 일어나버린 일은 어쩔 수 없다. 앞으로 할 수 있는 일만을 생각한다. 그것이 지금까지의 인생에서 길러온 습관이었다.

사장이 웃으면 모든 일이 순조롭다

주말이 지나고 월요일이 왔다. 전차는 다니지 않고 자동차의 휘발유도 떨어졌다. 그래서 자전거를 타고 회사에 출근하기로 했다. 서둘러봐야 소용없어서 여기저기 길의 상황을 보면서 페달을 밟았다.

회사는 어수선했다.

"어이, 수고하네."

평소와 같은 분위기로 말을 걸었지만 여전히 무거운 공기가 감돌았다. 이래선 안 되겠다. 이럴 때 고개를 숙이면 안 된다. 이런 때일수록 밝게 웃지 않으면 분위기에 지고 만다.

그래서 임원들을 한 자리에 모아놓고 한바탕 연설했다.

"들어봐. 대단한 일도 아니야. 내가 있으니까 안심해. 내가 열 살 때 도쿄는 모두 불타서 새까맸어. 우리 집도 마찬가지였지. 그래서 아버지와 둘이서 노점상을 했어. 고철을 주워다가 어떻게든 생계를 유지하며 여기까지 온 거야. 혹시 말도 안 되는 일이 일어난다고 해도 원래대로 돌아가는 것뿐이야. 먹을 것도 제대로 없었지만 일본은 그래도 부흥했어.

다시 하면 되는 거야. 회사 하나둘쯤은 내가 만들지. 홀가분하잖아? 무서워할 거 하나도 없어. TV를 켜면 심각한 얼굴을 하고 '앞으로의 전망이 서질 않는다.'고 얘기하지만 전망은 말이야, 늘 불안했어. 그러니까 TV를 보기보다 내 얼굴을 봐. 나를 따라와. 걱정하지 마. 질 것 같아? 모두 힘을 내자!"

뭐, 말도 안 된다고 할 수도 있지만 이렇게 말하고 껄껄대고 웃자 모두가 묘하게도 납득한 표정을 지었다. 웃음을 터뜨리는 녀석도 있었다.

바보라는 말을 들을지도 모르지만 바보가 아니고서야 대장을 맡을까. 마음이 갈가리 찢기더라도 허풍을 떨고 웃는다. 대장이 씩씩하게 싱글벙글 태평한 얼굴을 하고 있으면 대체로 만사가 잘 풀린다.

기개가 시험당할 때 물러서지 말아라

"「빨강머리 앤」은 계속한다."

이것이 지진이 일어난 후 내가 처음으로 내린 결단이었다.

모두가 놀랐다. 뮤지컬 진행 여부를 논의하면 심각한 얼굴로 "어렵지 않겠어요?" 또는 "좀 더 생각해보죠."라고 얘기할 게 뻔하다. 그래서 선수를 쳤다. 일반 공모 오디션은 3월 말이었기 때문에 공연을 실시할지 말지 빨리 결단을 내려야만 했다.

"그러나 사장님, 센다이에 잡아놓았던 장소는 사용이 불가능합니다."

"그래서 어쩌라고? 그걸 어떻게든 하는 게 자네 일이야."

이런 식으로 지진 후 첫 걸음을 떼었다.

지진 피해가 일어난 후 위기 상황 속에서 이익을 생각하며 주판알만 튕겼다면 바보 같아 보일지도 모른다. 여기서 그만두면 '사회의 공기마저 바꾸고 싶다.'는 말이 거짓말이 되어 버린다. 회사의 상징을 파괴하고 말 텐가. 이런 때일수록 오히려 세상 사람들에게 용기를 줄 수 있는 일을 해야 한다. 그럼으로써 비로소 기계가 진짜가 되는 것이다.

5개월 후, 나는 「빨강머리 앤」의 센다이 공연장에 섰다.

담당자가 전화를 정신없이 돌려 간신히 잡은 곳이다.

일반 고객을 초대한 공연이 끝난 후, 예정에 없었던 두 번째 공연을 했다. 지진 피해로 친부모와 형제를 잃은 미야기 현 나토리 시의 초등학생을 중심으로 천 명 정도를 초대했다. 나토리 시장도 달려와 주었다.

친구들에게 빌린 양복으로 잔뜩 멋을 낸 아이들은 진심으로 웃고 박수를 쳤다. 매튜가 죽는 장면에서는 훌쩍이는 소리가 들렸다. 자세히 보니 무대 위에서 앤 역할을 맡은 시마타니 히토미 씨도 눈물을 흘리고 있었다.

얼마 뒤 담당자가 종이를 들고 사장실을 찾아왔다. 「빨강머리 앤」을 본 나토리 시의 아이들이 블로그에 적은 글을 프린트해 온 것이다.

거기에는 이런 글이 적혀 있었다.

"줄곧 어둡고 무서워서 잠을 못 잤는데 뮤지컬을 보고 웃다 울었더니 오랜만에 푹 잤습니다."

다른 사원은 이런 말을 해주었다.

출연자 중 한 명이자 초등학생 자녀가 있는 아버지가 편지를 보냈다는 것이다. 지진 해일로 어머니를 잃은 딸이 극 중 매튜가 죽는 장면을 보고 일주일 동안 생각에 잠겼다고 한다.

그리고 이렇게 말했다고 한다.

"매튜 아저씨는 많은 사람들에 둘러싸여 죽었네."

아버지는 "딸이 어머니의 죽음을 받아들인 것 같습니다. 멋진 뮤지컬을 하게 해주셔서 감사합니다."라고 적었다.

사원들은 조금 겸연쩍어 하면서도 자랑스러워했다. 그리고 "진행하길 잘했다."고 입을 모아 얘기했다.

기뻤다. 하지만 이렇게 말하고 웃었다.

"당연하지. 이제야 알았냐!"

위기 상황에서는
역발상으로 기회를 잡아라

죽어도 여기서 움직이지 않는다

후쿠시마에 위치한 공장이 지진 피해를 입었다.

큰일이었다. 이와키 시에 있는 후쿠시마 공장에서는 약 60명이 일하고 있었다. 직원들의 가족을 포함한 전원이 무사했다는 소식에 가슴을 쓸어내렸지만 후쿠시마 원전사고의 여파로 물도 휘발유도 없다고 한다. 원조의 손길이 전혀 없다는 소리를 듣고 아찔했다.

지진 직후 후쿠시마 공장에 파견한 사원에게서는 비관적인 보고가 들려왔다.

"공장 건물의 피해는 경미하지만 생산 라인은 파괴되었습니다. 도로도 엉망인데 언제 복구될지는 모릅니다."

그런 정보가 날아드는 가운데 눈치 빠른 사원 한 명이 이렇게 말했다.

"이 참에 후쿠시마 공장을 폐쇄하면 어떨까요?"

이 말에 화가 치밀었다.

공장의 높은 사람들은 전근이다 뭐다 해서 어딘가로 갈 것이다. 그러나 일반 노동자들에게는 보살펴야 할 부모가 있고 학교에 다니는 아이가 있다. 후쿠시마가 생활공간인 것이다.

나도 모르게 고함을 쳤다.

"이 멍청아! 잠꼬대 같은 소리 하지 마! 너 말이야, 후쿠시마 공장에서 만든 상품은 많은 사람들에게 사랑받아왔어. 우리들은 일본의 제조업체야. 죽어도 여기서 한 발자국도 움직일까 보냐! 증강하는 일은 있어도 철수는 없어!"

당연한 일이다.

무엇보다 먼저 노동자들을 안심시켜야 한다. 곧바로 전 사원을 모은 긴급 집회를 열었다. 화상전화를 사용해 전국에 일제히 메시지를 보냈다.

"후쿠시마 공장은 일보도 후퇴하지 않는다. 후쿠시마의 여러분은 일단 집에서 대기하게. 회사 명령에 따른 자택 대기니까 그 사이의 월급은 전부 보장한다."

팔기 어려운 상품을 파는 것이 능력이다

문제는 계산이다.

후쿠시마 공장에서는 회사의 주력 상품 중 하나인 「내 방의 소취력」을 생산하고 있었다. 다른 공장에 라인을 만드는 데도 2~3개월이 걸린다. 게다가 「소취포트」도 생산 불능 상태가 되었다. 제조를 일괄 인수한 외주 공장이 후쿠시마 제1원자력발전소의 반경 몇 킬로 안에 있었다. 또한 경쟁사의 생산 공장은 거의 피해가 없었다.

소취 방향제의 성수기는 초봄부터 시작된다. 손을 놓고 있다가는 당하고 만다. 그렇지 않아도 공기청정제 시장은 격전 상태다. P&G와 존슨앤존슨 같은 거대 글로벌 기업이 참전한 영향을 받아 최근 몇 년 동안 「소취력」은 조금씩 시장을 빼앗기고 있었다.

그러나 않는 소리를 해봤자 소용없다. 제품을 못 만드는 것은 기정사실이다. 여기서는 바보처럼 엄청난 힘을 내는 수밖에 없다. 나는 회사에 불호령을 내렸다.

"질까보냐! 한번 해보자!"

'있는 것'을 판다. 그 수밖에 없다.

곧바로 전국 영업소와 물류 거점에 어떤 상품이 얼마나 남아 있는지를 모두 조사했다. 그리고 영업소마다 매상에 따라 상품을 할당했다. 전시 중의 배급제와 마찬가지다.

당연히 잘 팔리는 상품부터 매진이 나온다. '팔기 쉬운 상품'이 없어지자 영업팀에서는 비명이 터진다. 여기서 일갈하는 것이 사장의 일이다.

"재고 과다로 망하는 회사는 있어도 매진으로 망하는 회사는 없어. 축하할 일 아니냐. 아직 팔지 못한 재고가 있어. 그것을 팔고 와! 잘 팔리는 상품은 자기 혼자 팔려! 그렇지 못한 것을 파는 게 너희들 능력이야!"

상처 입은 마음을 위로하는 것이 필요하다

또 하나 중요한 결단이 있었다.

CF를 만드는 거다. 지진이 일어나고 4~5일이 지났을 때였나, 회사 복도에서 가게 군과 마주쳤다. 그는 우리 회사의 선전부장이자 광고 크리에이티브 디렉터를 맡고 있었다. 보통 크리에이티브 디렉터는 광고사 담당자에게 맡기지만 에스테는 달랐다.

가게 군은 강하게 주장한 바 있었다.

"사장님의 의사를 광고에 온전히 관철시키기 위해서 제가 회사의 광고를 컨트롤하고 싶습니다."

"그래?"

이후부터 나는 우리 회사의 광고를 전적으로 그에게 일임했다.

그의 얼굴을 보고 생각해냈다. 동일본대지진 피해 후 TV 방송 말이다. 비참한 보도와 프로그램이 한없이 계속되고 있었다. 그 사이에는 공익광고가 무한 반복될 뿐이다. 보고 있는 것만으로도 마음이 가라앉는다. '이래선 모두가 기운이 없어진다. 그러면 일본은 망한다.'고 생각했다. 이런 때야말로 상처 입은 마음을 가만히 위로해 주는 게 필요하다. 그래서 이렇게 물었다.

"가게 군, 요즘 방송에 자주 나오는 공익광고는 뭐야?"

"이런 시기에 기업 광고를 틀면 비난을 받기 때문에 각 회사들이 알아서 공익광고로 교체하고 있습니다. 우리 회사도 마찬가지입니다. 자체적으로 광고를 반납한 것이기 때문에 광고료는 전액 우리가 지불합니다."

짧은 설명과 함께 그는 이렇게 말했다.

"지금 이런 시기야말로 광고를 내보내야 한다고 생각합니다. CF를 만들어도 되겠습니까?"

들어보니 4월 말부터 방송을 시작할 예정이었던 「소취력」의 CF

는 거의 완성된 상태라고 한다. 그러나 지진 피해 전에 만든 CF를 아무 일 없었다는 듯 방송할 수는 없다. 그래서 새로운 CF를 만들고 싶다는 것이다.

그와는 이상하게 마음이 맞는다. 늘 이렇게 대체로 같은 생각을 한다. 이번에도 틀림없이 내 생각을 멋진 형태로 만들어 줄 것이다. 그렇다고 해도 상품을 준비할 수 없는 게 실정이다. 'CF 제작에는 거액의 투자가 필요한데 그런 일을 해도 괜찮을까…….' 순간 망설여졌다.

그러나 일은 벌어졌다. 주판알 따위는 내던지고 일본을 뒤덮고 있는 무거운 공기를 조금이라도 밝게 할 수 있으면 좋은 거 아닌가. '공기를 바꾸는 것'이 우리들의 일이다.

그는 환한 얼굴로 곧바로 사라졌다.

빠른 행동으로 사람들에게 희망을 주어라

며칠 뒤 가게 군이 사장실을 찾아왔다. 그리고 새 CF의 기획서를 보여주면서 간단하게 설명했다.

"소년이 「소취력」의 CM송을 아카펠라로 노래합니다. 아이의 노랫소리는 틀림없이 상처 입은 사람들의 마음을 위로해줄 겁니다."

나는 잠자코 고개를 끄덕였다. 에스테는 지금까지 풋 하고 웃음이 나는 광고를 제작하여 사람들을 즐겁게 해왔다. 지진이 일어났다고 해서 갑자기 정색을 하는 것도 이상하다. 그런 생각을 하고 있는데 그가 갑자기 죄송하다는 듯 말했다.

"그런데 말입니다, 일본인 소년은 너무 작위적인 것 같습니다. 그래서 이런 시기이긴 하지만 해외에서 촬영하고 싶습니다. 후보지가 몇 군데 있는데 첫 번째 후보지는 촬영 허가를 쉽게 받을 수 있는 포르투갈의 리스본을 생각하고 있습니다."

이 소리에 나는 놀랐다. 리스본이라면 예전에 대지진에 따른 지진 해일의 피해를 입은 곳이다. 괴테의 시에도 그렇게 적혀 있다. '과연, 이 녀석은 대단하다'. 그렇게 생각하고 벌떡 일어나 악수를 청했다.

"가게 군, 아주 훌륭하군!"

그런데 얼빠진 얼굴을 하고 있다.

"설마, 자네 모르는 거야?"

"뭐, 뭘 말입니까?"

어처구니가 없다.

그는 MBA도 취득한 수재다. 그런데 그런 것도 모르다니…….

"그러고도 용케 여기까지 왔네."

가게 군에게 농담을 던지고 짧은 연설을 들어놓는다.

"리스본이란 도시는 말이야, 예전에 지진 해일이 덮쳤던 곳이야. 시민의 삼분의 일이 사망하는 대참사를 겪었지. 하지만 다시 일어섰어. 어때? 그곳에서 CF를 촬영하는 거야. 동일본대지진으로 세상을 떠난 사람들에게 진혼곡을 보내는 것과 동시에 모든 일본인에게 응원가를 보내는 거지."

어리둥절해 있던 그도 일의 중대함을 깨달은 모양이다. 굳은 표정으로 "예!"라고만 대답했다.

"장사는 다 잊어. 알겠어? 어쨌든 마음을 담아."

"알겠습니다."

이쯤에서 그는 어두운 표정으로 이렇게 말했다.

"비난을 받을지도 모릅니다."

"사장은 나지 네가 아니야. 내가 명령한 거다. 너는 관계없어. 너는 마음만 담으면 돼."

"아, 알겠습니다."

"알았으면 빨리 가. 제일 빠른 비행기를 타라."

꼬마의 목소리에 마음의 안개가 걷혔다

4월 22일 밤, 나는 집으로 돌아가 텔레비전 앞에 앉아 있었다. 에스테는 월요일 밤 아홉 시에 방영되는 드라마에 광고를 하고 있다. 그 시간에 리스본에서 촬영한 새 CF를 처음 방송하기로 한 것이다.

가게 군은 늘 방송 전에 새 CF를 내게 보여주려고 한다. 하지만 나는 대체로 보지 않겠다고 한다. 광고만 봐선 알 수가 없고 TV프로그램 사이에 나와야 비로소 그 광고의 진가를 알 수 있기 때문이다. 그 대신 가게 군에게 이렇게 말한다.

"알고 있나? 광고는 투자야. 형편없는 CF를 만들면 옐로카드야. 옐로카드 두 장이면 레드카드고."

그래서 그는 언제나 필사적이다.

프로그램이 시작되었다. 지진 피해가 발생한 지 한 달 이상이 지났지만 여전히 공익광고가 흐르고 있다. 그런 가운데 상업광고를 내보내는 것이다. 무슨 일이 일어날지 알 수 없다. 만에 하나 엄청난 비난이 쏟아지면 어떻게 하나……. 그야말로 가슴이 두근거렸다.

화면이 바뀌었다.

리스본의 거리다. 남자아이가 노래하기 시작했다.

라~라~라라~.

나는 몸을 내밀었다. 화면이 클로즈업되었다. 그리고 "소~취~력~♪"이라며 높은 가성으로 끝이 났다. 15초가 순식간에 흘러갔다.

마음속으로 갈채를 보냈다. 이 꼬마 녀석 꽤나 괜찮네. '힘을 내자'거나 '응원하자'거나 '연대'라는, 그런 종류의 말은 한 마디도 없었다. 그저 상품 이름을 노래했을 뿐이다. 그러나 그 목소리는 강력했고 곧게 뻗는 아름다움이 있었다. 그리고 왠지 눈물이 나왔다.

꼬마의 노랫소리를 듣고 내내 마음에 맴돌고 있던 안개 같은 것이 쓱 사라진 것 같았다. 지진 피해 이후 점잖은 체하는 사람들이 줄줄이 나왔다. 매스컴도 그에 편승해 "일본이 전멸한다."거나 "후지산이 폭발한다." 같은 무시무시한 얘기나 해댔다. 그게 뭔가 싶었다. 하지만 꼬마의 노랫소리를 들으니 안개가 걷힌 기분이 든다. 힘을 얻는다.

나는 이런 걸 원했다. 지금 이 세상에 필요한 것은 이거다. 이게 바로 우리 회사 에스테의 저력이다.

역발상이 행운을 불러온다

시청자의 반응은 예상을 뛰어넘었다. 회사에는 SNS를 통해 헤아릴 수 없을 정도의 의견이 몰려들었다. 99%가 호의적인 의견이었다. 안심하는 마음이 들었고 진정으로 감사했다.

그리고 광고는 대대적인 붐을 일으켰다.

에스테는 처음으로 CM 호감도 랭킹에서 종합 1위를 차지했고, 그 해의 브랜드 오브 더 이어(Brand of the Year)도 수상했다. 미디어에도 활발히 소개되어 사회현상으로 언급되었다. 조금이라도 일본을 밝게 만들지 않았나 생각했다. 그것으로 만족했다.

그런데 역시 신은 있는 걸까?

갑자기 「소취력」의 매상이 20%나 상승한 것이다. 처음에는 영업사원에게 혼났다. "물건도 없는데 광고를 방송하면 어떻게 하냐?"는 거였다. 하지만 생산 라인이 파괴된 후쿠시마 공장도 사원들의 분투로 빠르게 복구가 되었고 증산에 증산을 거듭했다. 그리고 연말에는 최근 몇 년 사이의 시장점유율을 회복했다.

오래 살았지만 역시 세상일은 모르는 거구나.

의도치 않은 행운을 만나는 일도 있구나.

그러나 무엇보다 중요한 것은 기개를 가슴에 품고 행동에 옮겼다는 점이다. 어쩌면 사람들에게 비난을 받았을지 모른다. 그러나 다른 회사들처럼 아무것도 하지 않았다면 아무 일도 일어나지 않았을 게 분명하다.

사장은 몰려 다녀서는 안 된다. 해외 기업의 인수합병이다, 아시아 진출이다 해서 다 같이 몰려다니며 요란을 떨어서는 안 된다. 이러다 망한 회사가 한둘이 아니다. 그러므로 나는 늘 '역주행'이다. 이번에는 그것이 생각지도 못한 행운을 불러왔는지도 모른다.

덕분에 지금도 후쿠시마 공장의 노동자들은 힘차게 「소취력」을 계속 만들고 있다. 응원해준 모든 사람들에게 다시금 감사의 인사를 하고 싶다.

사장은 언제나 고개를 당당하게 들어라

가장 중요한 일은 사람에게 힘을 주는 것이다

　수소 폭발, 핵 연료봉 노출, 노심 융해……. 지진 피해 후, 미디어에는 불길한 이야기가 끊임없이 나돌았다.

　나도 사원들과 함께 군침을 삼키며 텔레비전으로 상황을 지켜봤다. 후쿠시마 원전사고로 인해 피난을 떠나야 하는 사람들을 생각하면 말이 나오지 않는다. 그저 가만히 지켜만 보고 있을 수밖에 없었다. 그러다가 점점 화가 났다. 방송에서는 "방사능으로 일본 동부는 재기 불능이 된다."며 출연진들이 심각한 얼굴로 사람들을 두렵게 하는 말만 떠들어댄다. 그런 소리만 듣고 있으면 사원들이 어두워진다. 나도 역시 마음이 무너진다.

　제2차 세계전쟁 후에도 같은 일이 일어났다. 히로시마와 나가사키에 원자폭탄이 떨어졌다. 그것은 엄청난 충격이었다. 이때도 "300년 동안 풀 한 포기 안 날 것이다."라고 어두운 얘기만 했던 사람들이 있다.

그런데 어떻게 되었나. 곧 풀이 쑥쑥 자랐다. 그리고 히로시마도, 나가사키도 그렇게 큰 참화에서 다시 부흥했다. 그것은 그 자리에서 씩씩하게 최선을 다한 사람들이 있었기 때문이다.

물론 항상 최악의 사태를 상정해야만 한다. 위기는 위기로 인식해야만 한다. 그러나 별다른 근거도 없는 유언비어 같은 얘기를 점잖은 얼굴로 내뱉는 녀석들은 용서할 수 없다. 가장 중요한 일은 사람들에게 힘을 주는 것이다. 일부러 불안을 부채질해서 어쩌자는 건가?

그런 가운데 후쿠시마 공장 노동자들의 의견을 들었다.

"무엇보다 방사능이 무섭습니다. 게다가 지금 방사능에 얼마나 노출되어 있는지 알 수가 없어서 불안합니다."

그 말이 맞다. "방사선 양을 측정하는 선량계를 회사에서 보내줄 테니까 기다려라."하고 사원에게 사오도록 지시했다.

조사해보니 선량계는 모두 업무용이라 가격이 수십만 엔이었다. 게다가 제조업체에 문의했더니 "전량을 정부에 납품하기 때문에 판매할 수 없다."고 한다. 그렇다면 선량계를 가장 필요로 할 후쿠시마 사람들은 사용하지 못한다는 소리다.

그런 가운데 제대로 작동하는지조차 의심스러운 중국제 선량계가 시장에 나왔다. 나중에 국민생활센터가 그것은 덤핑 상품이라고 발표했는데 사람의 약점을 잡아 형편없는 상품을 팔고 있다는 것에 화가 났다. 왜 원자력 관련 기업이 저렴한 선량계를 내놓지 않느냐는 생각이 스쳤다. 그러나 그런 말을 해봤자 결말이 나지 않았다.

지금 자신이 마시고 있는 공기가 안전한지 모르면서 '공기를 바꾼다.'는 말은 허울에 불과하다. 그래서 이렇게 결정했다.

"그렇다면 우리가 만들자."

'유령의 정체를 알고 보니 마른 억새더라'는 말처럼 모두들 피해 상황을 정확히 모르기 때문에 불안한 것이다. 불안이 불안을 불러 패닉이 된다. 그 악순환을 막기 위해서는 쉽게 방사선 양을 계측할 수 있으면 된다. 자기 눈으로 숫자를 확인할 수 있으면 그렇게 놀랄 것도 없다. 그러면 일본을 덮고 있는 어두운 공기도 변할 것이다. 이것은 에스테가 해야만 하는 일이었다.

우리 모두를 위해서다, 불만 있나?

좋은 일은 서둘러야 한다.

나는 곧 임원회에 얘기했다.

"우리가 만들어 낼 선량계의 상품명은 이미 결정되어 있다. 바로 '에어 카운터(Air Counter)'이다. 이 제품으로 손익은 따지지 않을 것이다. 고로 누구나 살 수 있는 합리적인 가격을 붙이겠다. 어때?"

모두 어이가 너무 없어서인지 입을 다물고 있다.

'또 말도 안 되는 소리를 하는구나.'

임원들의 얼굴에 그렇게 쓰여 있다.

일용잡화 기업이 선량계를 만들다니, 과대망상이다. 그 정도는 다 아는 일이다. 그러나 에스테는 일본 정부에 갚을 빚은 없지만 65년간 길러준 국민에게는 갚아야 할 은혜가 있다. 지금 그 빚을 갚지 않으면 어떻게 하나. 일단 선량계를 빨리 만들어내야 한다. 그렇게 역설했다.

처음으로 입을 연 것은 개발 담당 임원이었다.

"사장님의 마음은 알겠습니다. 그러나 기술적으로 곤란합니다."

그런가. 나는 선량계를 다룬 온 세상의 책을 죄다 모았다. 수십 권이나 되었다. 모두 읽지는 못해서 목차만 빨간 펜으로 죽죽 그으면서 대강의 포인트만 파악했다. 오랫동안 길러온 즉석 공부법이다.

선량계의 원리는 매우 간단했다. 가이거 카운터(Geiger Counter)라고 하면 어마어마하게 들리지만 핵심은 진공관에 아르곤 가스를 충전하고 전극을 붙이기만 하면 된다. 나는 열 살 때 집이 불타 아무것도 없는 자리에서 생존을 위해 무엇이든 만들었다. 광석 라디오, 진공관 라디오, 트랜지스터 라디오……. 이 정도를 못 만들 이유가 없다.

"시끄러. 내가 직접 만들 테니까 납땜기를 사가지고 와!"

이렇게 화를 냈지만 '사장님의 변덕'으로 취급당할 뿐이었다. 반대 의견은 점점 더 쏟아졌다. 사원들은 모두들 선량계를 만들어 낼 수 없는 이유를 수없이 댔다.

"품질보증은 어쩔 셈입니까?"

"완벽한 상품을 낼 필요는 없어. 유령의 정체가 마른 억새인지 아닌지만 알면 돼. 한시라도 빨리 만들어 모두가 불안할 때 제공하지 않으면 의미가 없어."

"클레임이 발생하면 어쩔 겁니까?"

"받으면 되지. 사람이 하는 일이야. 클레임이 나오는 것은 당연하지."

"누가 답합니까?"

"누군가 답하겠지. 그래서 고객상담센터가 있는 거야. 뭐 하면 자네가 대답할래?"

그들도 완고해서 언제까지고 결론이 나지 않았다.

마지막에는 이렇게 얘기했다.

"이것은 일본 때문이다. 불만 있냐? 사장이 하겠다고 했으니까 하는 거야. 이제 너는 필요 없어. 다음 회의부터는 나오지 마!"

나는 무지막지한 사장이지만 우리 임원도 대단한 녀석들이라 다음 회의에 뻔뻔스럽게 나와서는 또 난색을 표했다. 그걸로 된 거다. 다양한 의견이 있기 때문에 회의가 활발한 것이다.

후쿠시마를 위한 상품은 후쿠시마에서 만든다

선량계를 만들기 위해 많은 조사를 했다.

가이거 카운터는 지금으로부터 약 120년 전에 독일의 가이거 박사가 만든 것이다. 100년 전에 개량된 이후 발전이 없다. 그 후 광물에 쏘여 선량을 조사하는 방식이 생겼다. 그런데 이 광물을 손에 넣는 게 힘들다.

그렇다면 역시 반도체다. 납땜으로는 안 된다.

그런 까닭에 나는 제일선 연구자를 재빨리 찾아갔다. 이럴 때 사장의 명함이란 좋은 법이다. 곧바로 만나주었다. 물론 연구자에게 무릎을 꿇고 빌었다.

"선생님, 부탁드립니다! 일본을 위해 발 벗고 나서주십시오!"

이렇게 해서 결국 연구자는 에스테에서 만든 선량계 '에어 카운터'를 감수해주기로 했다.

"어쨌든 최고의 상품을 빨리 만들어보자."

회사를 재촉했다.

어느 날, 담당임원의 보고가 있었다.

"중국에 생산 공장을 두기로 했습니다."

협력하는 제조업체의 개발 거점이 중국에 있는데 그쪽이 생산 비용을 낮출 수 있다고 한다. 벌써 생산라인도 만들었다고 보고해서 놀랐다.

"바보야! 후쿠시마 사람들을 위해 하는 거니까 후쿠시마에서 만드는 게 당연하지!"

"비용이 오릅니다. 가격을 낮추라고 하셨잖아요!"

"비용이 높아져도 괜찮아. 내가 책임을 지지."

"지금 와서 중국에서 설비를 가져올 순 없습니다."

"괜찮아. 놔둬. 여기서 다시 만들어."

엄청나게 싸운 끝에 지진 피해가 일어난 지 3개월 후인 7월에 선량계 양산을 개시하고 10월 20일에 발매하기로 결정했다. 중시한 것은 사용의 편리함이다. 설계를 심플하게 해서 누구나 조작할 수 있도록 배려했다.

문제는 높은 가격이었다.

주판알을 튕겨보니까 희망 소매가격 1만 5,750엔이 한계였다. 그러나 어린 아이를 둔 어머니들에게 "1만 엔 이내가 아니면 손이 가지 않는다."는 의견이 나왔다. 결단을 내렸다. "가격은 9,800엔으로 정했다."고 선언했다. 발매 2주 전이었다.

선량계의 발매와 동시에 고객 상담 센터에는 문의가 쇄도했다. 후쿠시마 현을 중심으로 한 피해 지역에 우선적으로 판매했다. 그 결과 첫 회 출하 분량 1만 개가 발매 첫 날에 완전히 매진되었다. 무엇보다 기뻤던 일은 '안심했다'는 고객의 반응이 다수 도착한 것이다. 그 후 더욱 연구해서 기능을 향상했고 가격 인하에 성공하여 7,900엔까지 가격을 낮출 수 있었다.

다만, 역시 계산이 맞지 않았다.

솔직히 말하면, 에어 카운터 판매는 장사로 치면 완전 손해다. 경리담당자에게 엄청 혼났다. 하지만 그것은 처음부터 알고 있었던 사실이다. 모두의 불안이 없어지면 수요는 사라진다. 오히려 계속 팔리는 상황 자체가 좋지 않다.

"스즈키 씨, 늘 '포기는 천 냥'이라고 말씀하시고선 엄청난 일을 저지르셨더군요."

경영자 동료들에게는 꽤나 놀림을 당했다. 증권분석가에게도 싸늘한 비판을 받았다. "저러고도 프로 경영자라고 할 수 있나." 하고 말이다.

이럴 때 화를 내봤자 소용이 없다. 그러니까 '하하하' 웃는다. 분명히 방향제와 방충제, 제습제를 판매하는 에스테에서 에어 카운터를 내놓은 것은 경영자로서 바보 같은 짓일지 모른다. 그러나 나는 실수를 저지르진 않았다. 일본의 최대 위기인 후쿠시마 원전 사고를 앞에 두고 주판알을 튕겨봐야 어쩌겠다는 거냐.

나는 경영자이기 전에 일본인이다. 사원도 마찬가지다. 일본인 모두가 어려울 때에 꼭 필요한 일을 하는 것은 당연하다. 조금 손해를 본 것 정도로 고개를 숙이진 않겠다. 씩 웃고 위를 향해 걸으면 된다.

실제로 2011년 결산에서 이익은 줄었지만 매상은 늘었다.

이것은 판매팀의 건투가 컸다. '있는 물건을 판다.'는 고육지책이었는데 힘을 합쳐 최선을 다해주었다. 화재 현장에서 저력을 보여준 그들을 자랑스럽게 생각한다.

어쩌면 사장의 과대망상을 기개로 느꼈을지 모른다.

"바보 같은 사장이 말도 안 되는 짓을 저질렀다. 어쩔 수 없지. 우리들이 최선을 다할 수밖에 없다."

그렇게 생각해줬다면 그보다 기쁜 일은 없을 것이다.

결국, 경영자는 기개다.

계산도 중요하지만 그것만으로는 충분하지 않다. 재미가 없으니까 사람이 따르지 않는다. 늘 고개를 당당히 들고 울고 웃으면서 한 걸음씩 나아간다. 거기서 나오는 '뜨거움'이야말로 경영의 진수라고 나는 믿고 있다.

계속 변하지 않으면
살아남을 수 없다

사원들의 편지를 받고 더욱 힘을 내다

지진 피해가 일어난 지 약 반년 후, 나는 쓰러졌다. 고열이 나서 일어날 수가 없었다. 결국에는 구급차를 타고 병원에 실려 갔다.

"원인은 과로입니다."

의사가 말했다. 77세에 과로라는 진단을 받는 게 다행인지 불행인지 모르겠다.

하긴 동일본대지진 이후는 매일 폭풍우가 몰아치는 것 같아서 체력적으로 지친 것이 사실이다. 그러나 이토록 상태가 안 좋은 데는 계기가 있었다.

편지다.

나는 지진 피해 후 전 사원을 대상으로 의견을 말해줄 것을 요청했다. 주제는 '나는 에스테를 이렇게 만들고 싶다.'였다. 일본 전역을 뒤흔든 큰 재해를 당하면서 일본도, 회사도, 개인도 다양한 의미에서 커다란 전환점을 맞았다는 점을 실감했다. 그래서 에스테에서 일하고 있는 사람들이 무슨 생각을 하는지, 앞으로 어떤 회사에 있고 싶은지 알고 싶었다.

모두 생각한 게 있을 것이다. 사원의 90% 이상이 반응을 보여주었다. 수많은 편지와 메일을 받았다. 거기에는 사원의 배우자나 아이의 편지도 섞여 있었고, 공장에서 일하고 있는 장애인 사원의 누나가 보낸 편지도 있었다.

"제 동생은 글을 쓸 수 없기 때문에 대신 편지를 씁니다. 동생을 고용해주셔서 감사합니다."

그런 편지를 하나씩 살피는 동안에 뭐라 말할 수 없는 마음이 되었다.

모두 가족을 지키기 위해 필사적이다

나는 열 살 때부터 아주 가난한 상황에서 아버지를 도왔다.

할아버지도 아버지도 고생하셨다. 특히나 아버지는 열다섯 살 때부터 맨몸으로 일하고, 할아버지를 평생 돌봤다. 애써 가꾼 조그만 가게가 공습으로 불타자 오십이 넘은 나이에 노점에서 재출

발할 수밖에 없었다. 살아남기 위해, 가족을 부양하기 위해 이를 악물고 최선을 다했다. 그 모습을 가까이에서 보고 자랐기 때문에 내게 에스테는 마음속 특별한 존재다. 아버지의 염원을 이은 형들의 마음도 담겨 있다. 망하게 둘 수 있겠는가. 나름 근성을 쥐어짜내 여기까지 왔다.

뻔뻔함이 신조다.

항상 이렇게 큰소리를 치긴 했지만 잠을 못 이루는 밤도 있었고, 악몽을 꾸고 가위에 눌린 적도 있다. 아내에게 "이제 사장 같은 것은 그만두라."는 말을 들으면서도 14년이나 계속한 것은 스즈키 집안이 몇 대에 걸쳐 해왔던 고생에 결실을 맺고 싶은 일념 때문이었다.

그래서일지도 모른다.

사원들이 보낸 편지를 읽다 보니 견딜 수 없는 기분에 사로잡혔다. 사원은 물론 가족 하나하나가 절실한 마음으로 살고 있다. 에스테라는 작은 배에 타서 가족을 지키려고 열심히 노력하고 있다. 가족을 생각하는 마음은 다 같다. 그들을 슬프게 할 순 없다. 그런 생각이 들자 짊어지고 있는 책임의 무게에 눌려버릴 것만 같았다.

허풍을 칠 여유도 없어졌다.

'야, 이건 적당히 해서 될 일이 아니구나.'

새삼 이런 생각이 들어 나에게 질문을 너무 많이 던졌다. 그바람에 머리를 너무 많이 써서 열이 난 것이리라. 서툰 짓을 하고 말았다.

현재 인원으로 조직력을 강화하라

병원 침대에서 생각했다.

좀 더 강한 회사가 되지 않으면 안 된다. 글로벌 기업의 참가, 리먼 쇼크, 동일본대지진과 후쿠시마 공장의 지진 피해, 디플레이션, 엔고……. 위기의 연속이다. 경영 환경은 날이 갈수록 악화되고 있다. 그리고 정부는 일용잡화 기업 같은 것은 지켜주지 않는다. 자력으로 살아남을 수밖에 없다.

눈앞에 닥친 과제는 분명하다. 연간 약 500억 엔의 매상을 1천억 엔까지 높인다. 거대해지는 도매와 소매의 가격교섭력에 대항하려면 제조업체가 체력을 키우는 수밖에 없기 때문이다.

다만 사원의 수는 가능한 늘리고 싶지 않다. 사원을 고용하는 데는 무거운 책임이 따른다. 그때그때 어림짐작으로 채용만을 늘리는 것은 삼류 경영자가 할 일이다. 회사는 근육질이어야 한다. 에스테의 강점은 '작다'는 것이기 때문에 더욱 그렇다.

길은 하나다.

현재 인원으로 조직력을 강화하는 것이다.

사실 나는 이를 위한 대응에 나서고 있었다. 에스테 리포메이션(STR)이라는 사내 개혁 프로젝트이다. 보다시피 에스테의 포메이션을 바꾸려는 것이다.

나는 이제까지 사장 원톱으로 경영을 해왔다고 생각한다.

치프 이노베이터인 내가 '세상에 없는 상품'을 개발하고, 직접 공장을 돌아다니며 낮은 비용으로 생산하고, 최고 영업사원이 되어 팔러 다니면 에스테는 무적이라고 생각했다. 아이디어와 스피드로 승부하는 데는 독재적 경영이 최고라고.

그러나 세상의 움직임은 날마다 빨라지고 있다. 단순한 독재로는 이길 수 없다. 따라서 사장이 원톱을 유지하던 체재를 바꾸기로 했다.

물론 사장이라는 사령탑은 필요하다. 이제까지 나는 사원들과 끈질기게 커뮤니케이션을 하며 사원들을 경영으로 끌어 들였다. 그러나 이렇게해서는 속도가 나질 않는다. 나의 뇌와 사원 전원의 뇌를 동기화하는데 시간이 든다. 중요한 것은 평소부터 사장과 임원, 신입사원, 파트타임 사원까지 전원의 뇌를 동기화시킬 필요가 있다는 것이다. 사장이 "저쪽을 공격!" 하고 결단한 순간, 전원이 각자의 자리에서 전력으로 행동하는 포메이션을 구축할 필요가 있다. 톱다운 방식에서 전원 공격, 전원 방어의 하이브리드 경영으로 전환이다.

그렇게 생각하고 2010년 10월부터 에스테 리포메이션을 시작했다. 우선 손을 댄 것이 영업 일선을 맡고 있는 도쿄 지점이었다.

이것이 예상보다 빨리 성과를 올렸다. 지진 피해 직후, 잘 팔리는 상품의 생산이 중단되었을 때 도쿄 지점의 사원들은 모두 하나가 되어 가혹한 경영 전선에서 싸웠다. 그리고 에스테 역사상 최고의 매출을 기록했다. 이것은 에스테 리포메이션의 성과로밖에 생각할 수 없다.

그래서 나는 침대에 누워 결단했다.

에스테 리포메이션을 가속화시킨다. 단번에 전 회사로 확대한다. 그리고 한시라도 빨리 강한 회사로 만든다.

퇴원하자마자 전국의 지점과 공장을 돌아다녔다.

각자 부문에서 에스테 리포메이션을 철저히 논의했다. 회사의 과제는 무엇인가, 부문의 과제는 무엇인가, 그것을 해결하기 위해서는 무엇을 해야 하는가……. 직무의 테두리를 뛰어넘어 모든 사원, 파트타임 사원까지 대등한 입장에서 발언했다. 어떤 부문의 과제를 해결하기 위해서는 다른 부문의 업무 과정을 개혁해야만 하는 경우도 있다. 그럴 때는 부문 간의 벽을 넘어 논의한다.

나는 이 모든 논의에 참가했다.

대신 사원들이 이야기를 나누고 있는 동안 나는 한 마디도 끼어들지 않는다. 내가 입을 열면 그것으로 논의가 끝나버린다. 자기 머리로 생각하는 것이 에스테 리포메이션이다. 그것을 실행시키기 위해 가만히 지켜보는 것이 내 일이다. 그리고 2차, 3차까지 이어지는 커뮤니케이션에 함께하며 오로지 사원의 속내에 귀를 기울인다.

처음에는 하나의 결론을 내는데 엄청난 시간이 걸린다. 때로는 부문끼리 트러블이 발생하기도 한다. 그러나 내가 노려보고 있기 때문에 서로 지혜를 짜내 개선책을 찾아낸다. 그렇게 의논과 실천을 더해가는 중에 조금씩 모든 사원의 뇌가 동기화되기 시작한다.

그리고 부문마다, 한 사람씩 더 목표를 공유하고 똘똘 뭉쳐 집념을 가지고 행동한다.

중요한 점은 목표는 주어지는 것이 아니라 한 사람씩 자발적으로 결심하는 것이다. '명령을 들었기' 때문에 움직이는 게 아니라 자기 몸이 절로 움직인다. 이것이 사장의 생각과 합치되었을 때 회사는 마치 생물처럼 움직인다. 이거야말로 조직력이다.

이것은 무한 순환 운동과 같다. 의논과 실천을 더해 개혁을 계속한다. 항상 최적 상태를 목표로 하는 영구 운동이다. 그리고 이 엔진이 돌기 시작하면 영원히 에스테는 살아남는다.

나는 그렇게 믿고 있다.

자기 부정이야말로 이노베이터의 상징이다

덕분에 회사는 착실히 변화했다.

모두가 전보다 훨씬 활력 넘치게 일해주고 있다. 움직임도 빨라졌다. 자기 일이 회사에서 어떤 의미인지를 명확하게 함으로써 자신감과 자긍심도 생기는 듯하다.

무엇보다 내가 변했다.

나는 성격이 급하다. 옛날이었다면 감질나는 의논 같은 것은 하지도, 듣지도 못했다. 곧바로 쓸데없는 말을 해대고 상을 뒤집어버렸다. 하지만 에스테 리포메이션으로 꾹 참을 수 있게 되었다.

그리고 사원들 하나하나가 진지하게 회사를 생각한다는 것도 알았다. 게다가 그들의 말을 듣고 있으면 오히려 내가 배운다. 아이디어도 샘솟는다. 에스테 리포메이션이란 스즈키 다카시의 리포메이션일지 모른다.

바뀌지 않으면 살아남을 수 없다.

이것은 내 경영철학이다.

강한 자가 살아남는 것은 아니다. 변할 수 있는 사람이 살아남는다. 변화를 계속하는 것이야말로 강한 것이다. 변하기 위해서는 자기부정을 해야만 한다. 이제까지의 성공을 버릴 용기도 필요하다. 그것이야말로 이노베이터의 일이다.

에스테 리포메이션은 치프 이노베이터의 최고 과제였다고 생각한다. 그리고 사원들에게 이렇게 전했다.

"저 세상에 가도 제군들이 계속 변화하는 모습을 지켜볼 거야!"

이 세상에 그다지 놀랄 만한 일은 없다.

오래 살다보니 이런 생각이 든다. 그런데 사람들을 몹시 놀라게 하는 사람은 많다.

"위기야, 위기."

"일본 붕괴다."

이렇게 어리석은 말로 사람들을 선동한다. 그러고나서 "옛날이 좋았다."며 잠꼬대 같은 말을 한다. 현명해 보이는 학자 같은 사람들이 이런 말을 하기 때문에 많은 사람들이 진심으로 듣고 어두운 표정을 짓는다.

제발 바보 같은 말 좀 하지 말라고.

역사를 돌이켜보면 언제나 위기였다. 그것이 일반적이다. 에도 시대도 늘 위기였고, 대기근은 때마다 찾아왔다. 흉작과 기아가 연속되었고 지진과 화산 분화도 많았다.

메이지 시대에는 청일전쟁, 러일전쟁, 제1차 세계대전 같은 군수 경기가 있었지만 그 이외에는 대부분 불경기였다. 제1차 세계대전이 끝난 후부터는 전후 공황, 간토대지진에 의한 피해 공황, 미국발 금융 공황까지 위기의 연속이었다. 그대로 제2차 세계대전에 돌입해 일본은 황무지가 되었다. 내 할아버지와 아버지는 그 시대의 여파를 그대로 받으며 살았다.

전후 일본은 가난했지만 모두들 열심히 살아서 좋은 시절이었다고 말하는 사람이 있다. 그건 거짓말이다. 전후는 그렇게 아름답지 않았다. 훨씬 더 비참했다. 조금만 밖에 나가면 상이군인이 있었고 소매치기도, 부랑아도 있었다. 열 살 정도였던 나는 그 광경을 눈이 따가울 정도로 보며 자랐다.

분명 고도성장기는 조금 좋았을지도 모르겠다. 하지만 그때라고 해서 결코 쭉 성장만 했던 것은 아니다. 좋은 시절과 나쁜 시절이 번갈아 지나면서 성장했다. 되지도 않는 소리를 하는 사람도 많았다. 도쿄 올림픽이 끝나면 일본의 성장은 끝날 것이라고 했던 사람도 있다. 하지만 그때부터 진짜 성장이 시작되었다.

세계를 봐도 마찬가지다. 지금 일본은 쇠퇴하고 있다고 한다. 중국이 일본을 추월했다고 소란을 피운다. 그러나 산업혁명 이전에는 중국과 인도가 세계 총 생산량의 대부분을 차지하고 있었다. 농업 시대였던 터라 인구가 많은 게 강점이었다. 그런데 산업혁명이 일어나 영국과 미국이 패권을 잡았다. 이런 일들이 다시 반복되는 것뿐이다. 세상은 항상 움직이고 있다. 세상을 단기적으로 보니까 얕보기도 하고 비관하며 보기도 하지만 요컨대 그렇게 소란 피울 필요는 없단 말이다.

우리들의 선조는 세계의 움직임 속에서 계속해서 밀려드는 위기를 헤쳐 나왔다. 그리고 시대를 움직여 온 것은 똑똑한 얼굴을 하고 어두운 얘기를 하는 녀석들이 아니다. 어두운 시대 속에서 아무리 험한 일을 당해도 바보처럼 웃고 힘차게 노력했던 사람들이다.

패전 후 일본도 그랬다. 3백만 명이 사망했고 일본 전역은 불타서 폐허가 되었다. 그런데 어떻게 다시 일어설 수 있었나? 한국전쟁 특수가 있었기 때문이라고 하지만 나는 그렇게 생각하지 않는다. 일본 전역의 사장이 "질 것 같으냐! 나를 따르라!" 하며 사원들을 이끌었기 때문이다. 사장의 기개에 모두가 분투하며 최선을 다했다.

그런데 최근에는 사장까지 똑똑한 얼굴을 하고 있다.

사장들은 어려운 이론에 정통해 논리정연하게 말한다. 하지만 이야기를 들어도 마음이 움직이지 않는다. '저 이야기가 진짜일까? 거짓말 아냐?’라는 생각이 든다.

인간은 감정의 동물이다. 이론만으로 사람은 움직이지 않는다. 인간이 움직이지 않으면 현실도 움직이지 않는다. 중요한 것은 ‘마음’이다. 마음의 결정을 내리지 못한 놈이 구구절절 얘기하면 상대는 꿈쩍도 하지 않는다.

게다가 우리들은 모두 공부하길 좋아한다. ‘최신 학설’이라는 말만 하면 모두 절절맨다. “아시아에 투자해라.”라고 하면 모두가 몰려간다. “일본은 이제 가망이 없다.”고 하면 죄다 어두운 표정을 짓고 고개를 숙인다. 다른 사람의 이야기를 너무 진지하게 듣는다.

생각해보면 우리들은 거품 경제가 한창일 시기에는 “이제 미국에게 배울 것은 없다.”고 지나치게 오만했다. 그러더니 이번에는 바보스러울 정도로 위축되어 있다. 거품이 끼면 한껏 오만했다가 거품이 꺼지면 입도 뻥긋 못한다.

중국인들은 늘 강하게 나오고 큰소리를 치고 또 친다. 나쁜 일에도 허풍을 친다. 중국인 흉내를 내자는 것은 아니지만 우리는 좀 더 거칠어질 필요가 있다. 위기는 당연한 것이기 때문에 일일이 벌벌 떨 필요는 없다. 늘 고개를 높이 들고 ‘하하하’ 웃으며 태평한 얼굴로 적을 맞아야 한다. 그런 대담함이 없으면 살아남을 수 없다.

그 선두에 서는 것이 바로 사장이다. 이런 시대이기 때문에 오히려 사장이 정신을 차리지 않으면 안 된다. 정치도, 정부도 도움이 되지 않는다. 사장이 든든하게 지탱하지 않으면 안 되는 것이다.

경영은 기개다. 져서는 안 된다. 상황이 다소 나쁘다고 목을 맬 생각이나 해서는 안 된다. 목을 맬 정도라면 상대를 쓰러뜨리면 된다. 죽으려고 하는 거지같은 배짱을 가지고 산다면 실패는 바로 이어져 있다. 작은 일로 목숨을 걸어선 안 된다. 유들유들하고 대범하게 살면 된다.

좀 더 자신을 가져야 한다. 엉터리 경영학 같은데 의지하지 말고 자기 몸으로 현실과 싸워야 한다. 상처를 입는 것은 당연하다. 쓰러졌다 일어나서 다시 싸워야 한다. 그것을 계속하다보면 자신감이 생긴다. 사장이 겁쟁이가 되면 어쩌겠다는 건가. 아래를 볼 틈이 있다면 허풍을 치면 된다. 자기 허풍에 놀라 눈이 번쩍 뜨이게 될 것이다.

사장은 허풍을 떨고 또 떨어도 된다. 진심으로 허풍을 떨면 현실이 된다.

마지막으로 또 한번 허풍을 떨어볼까.

나는 일본의 삼림을 회복하려고 생각하고 있다. 모두가 아는 대로 지금 일본의 삼림은 엉망이다. 외국 자재에 눌려 국산이 팔리지 않아 솎아베지도 않는다. 그래서 삼림은 황폐해진 채 내버려져 있다. 지방은 더 힘들다. '삼림의 나라 일본'은 위기다.

그래서 생각했다.

숏아벤 목재에서 엑기스를 추출한다. 그 엑기스에는 호흡기 질환이나 알레르기를 일으키는 원인 물질인 공기 속의 이산화질소를 줄이는 효능이 있다. 이 엑기스를 활용한 공기청정 제품을 개발하면 삼림 보호와 국민 건강에 공헌할 수 있다. 일거양득이란 소리다.

나는 이것을 '클리어 포레스트 사업'이라고 명명하고 추진하고 있다. 2012년에는 아로마 가습기 '모이스트 패트'를 발매했다. 사내에서는 수익이 나지 않는다고 얘기하고 있지만 삼림과 공기는 손자, 그 후대까지 이어지는 국민의 공유 재산이다. 이런 일을 하는 것이 바로 기업의 기개다.

게다가 옛날에는 '물'로 사업을 할 수 있을 거라고 생각한 사람은 없었다. 그런데 지금은 어떤가? 에스테가 1980년 '드라이 패트'를 내놓았을 때 사람들은 "공기에서 물을 제거할 이유가 뭐냐?"고 말했지만 결국 이 상품은 엄청나게 큰 습기제거 시장을 창출했다.

그러니 '삼림 엑기스'가 사업이 되는 시기가 오지 않을 거라고 누가 단언할 수 있나. 나는 여기에 이노베이션이 있다고 믿고 있다. 반드시 새로운 시장을 만들어 보이겠다.

그 밖에도 아이디어가 몇 가지 있다. 비즈니스 기회는 얼마든지 찾아온다. 안 좋을 때는 그 나름의 기회가 있다. 아니, 안 좋을 때가 오히려 기회다. 치프 이노베이터의 피가 들끓는 것이다.

최근 나는 이렇게 얘기하고 있다.

"잡스가 죽어버렸다. 이제 세상에는 나밖에 없다."

사원들은 두 손 들었다는 표정이다. 아내도 말한다.

"언제까지 그런 바보 같은 소리를 할 건가요? 곧 노후도 끝난다고요."

하지만 하고 싶은 일이 계속 생각난다. 이 나이가 되어서야 점점 더 세상을 알게 되니까 죽어도 죽지 않을 것 같은 마음도 든다. 그래서 임원에게 이런 농담도 한다.

"미안하지만, 자네가 나 대신 죽으면 안 될까?"

스즈키 다카시

社長は少しバカがいい。

귀촌 닿고 사는 리더들을 위한 작심 발언

사장은 차라리
바보인 게 낫다

펴낸날 초판 1쇄 2013년 12월 25일

지은이 스즈키 다카시
옮긴이 민경욱

펴낸이 임호준
이사 이동혁
편집장 김소중
책임 편집 김민정 ㅣ **편집** 윤은숙 장재순 나정애 권지숙 김송희 임주하 이승민
디자인 이지선 왕윤경 ㅣ **마케팅** 강진수 김찬완 권소희
경영지원 나은혜 박석호 ㅣ **e-비즈** 표형원 이용직 유영경 배은지

펴낸곳 북클라우드 ㅣ **발행처** ㈜헬스조선 ㅣ **출판등록** 제2-4324호 2006년 1월 12일
주소 서울특별시 중구 태평로1가 61 ㅣ **전화** (02) 724-7636 ㅣ **팩스** (02) 722-9339

ⓒ 스즈키 다카시, 2013

이 책은 저작권법에 따라 보호를 받는 저작물이므로 무단 전재와 무단 복제를 금지하며,
이 책 내용의 전부 또는 일부를 이용하려면 반드시 저작권자와 ㈜헬스조선의 서면 동의를 받아야 합니다.
책값은 뒤표지에 있습니다. 잘못된 책은 바꾸어 드립니다.

ISBN 979-11-85020-16-7 03320

• 이 도서의 국립중앙도서관 출판시도서목록(CIP)은 서지정보유통지원시스템 홈페이지(http://seoji.nl.go.kr)와 국가
  자료공동목록시스템(http://www.nl.go.kr/kolisnet)에서 이용하실 수 있습니다.
  (CIP제어번호: CIP2013024809)